상식의 틀을 깨라

BALMUDA

상식의 틀을 깨라

가미오카 다카시 지음 ○ 구수진 옮김

매일경제신문사

'사고방식'을 바꾸면 인생이 바뀐다

이 책은 가전업계 패러다임을 바꾼 '발뮤다'의 창업자 테라오 겐의 철학을 담았다. 경영 방식을 분석·해설한 책도 아니고 제품의 우수한 디자인을 들추어보는 책도 아니지만, 이 책에는 '인생을 변화시키는 힌트'가 가득하다고 단언할 수 있다.

우리의 인생이나 커리어를 좌우하는 것은 '사고방식'이며 이 책은 그 부분에 주목하고 있기 때문이다. 사고방식은 '사물을 보는 관점'이나 '받아들이는 방식'이라고 할 수 있다. 다른 말로 '가치관'이라고도 한다.

'18가지 테마'에 대해 다시 한 번 생각하자

사고방식에 따라 사람의 행동은 바뀐다. 가령 어떤 난관에 봉착했을 때 그것을 '넘어야 할 벽'으로 받아들이는지 '돌아가야 할 벽'으로 받아들이는지에 따라 미래는 달라진다. 어떻게 생각하는가에 따라 전혀 다른 인생의 길을 걷게 된다. 일에서도 마찬가지다.

이 책의 출간을 위해 주변의 이야기에 휩쓸리지 않고 스스로 깊이 생각하여 '자신의 답'을 발견해내는 테라오 겐에게 인생철학과 일에 대한 신념을 물었다.

지금껏 잡지의 편집자로서 다수의 경영자나 전문가와 이야기를 나눠왔지만, 그 가운데서도 특히 인상 깊었던 사람이 테라오 겐이다. 이야기를 나누다 보니 그는 매우 정열적이면서도 매우 논리적인 사람이었다. 사물의 '본질'에 대해 이야기할 때의 그는 마치 철학자 같다. 일반적인 상식에도 "그거, 정말 그런가요?" 하고 되묻는다. 더 많은 이야기를 나누고 싶다는 생각이 들어 약 2년 반에 걸쳐 인터뷰를 진행했다.

이 책에서 소개하는 '가능성', '상식', '실패', '꿈'을 비롯하여 18가지 테마에 있어서 테라오 겐이 전하는 메시지는 한결같다. "자신의 인생을 더욱 자유롭게, 강하게 살아라!" 정신없이 바쁜 일상에 지쳐 있는 사람, 용기를 내고 싶은 사람에게 특히 많은 도움이 되리라 생각한다. '나라면 어떻게 생각할까?'를 대입해가며 각각의 테마를 읽어보길 바란다. 분명 많은 것을 발견할 수 있을 것이다.

테라오 겐과 발뮤다

테라오 겐과 발뮤다에 대해 잘 모르는 사람을 위해 우선 테라오 겐의 경력부터 소개한다.

17세에 고등학교를 중퇴하고 스페인과 모로코 등 지중해 연안을 정처없이 떠돌며 여행했다. 귀국 후 18세에 세계적인 록스타를 목표로 악기를 다루지도 못하는 상태에서 음악 활동을 시작한다. 그의 실력을 알아본 대형 음반 회사와 계약을 체결하지만, 사정이 생겨 결국 파기하고 만다. 그리고 28세에 음악 활동을 그만둔다. 그 후 물건을 만드는 새로운 세계에 발을 내딛는다. 이번에도 백지상태에서 시작했지만, 특유의 에너지로 디자인부터 설계·개발 방법까지 독학으로 습득한다. 그렇게 30세를 넘긴 2003년에 발뮤다를 설립하고 현재 16년차를 맞이했다.

17세에 고등학교를 그만둔 이유는 본문에서 자세히 이야기하겠지만, 그때 테라오 겐은 강한 의지로 자유롭게 사는 삶을 선택했다. 그 삶의 방식에는 지금도 변함이 없다.

그런 테라오 겐은 발뮤다로 가전업계를 뒤흔들 정도의 엄청난 인기를 끈다. 그 시작은 2010년에 출시된 기분 좋은 자연의 바람을 구현한 선풍기 그린팬GreenFan이다. 대기업 가전제품 브랜드가 생각해내지 못한 방법으로 '혁신적인 선풍기'를 만들어냈다. '발뮤다'라는 브랜드 인지도가 높아진 것은 그때부터다.

세상을 놀라게 한 제품은 또 있다. 2015년에 출시된 발뮤다 더 토스터BALMUDA The Toaster다. 너무나 특별한 '맛'으로 소비자의 마음을 사로잡았다. 발뮤다는 이 제품들을 통해 "추천할 만한 가전제품이 있어!"라며 친구나 지인에게 홍보해주고, "다음은 어떤 제품이 나올까?"라며 신제품 출시를 손꼽아 기다리는 '열광적인 팬'을 만들어냈다.

'가능성'은 당신에게 달렸다

이 두 가지 인기 제품은 그린팬이 3만 5,000엔, 더 토스

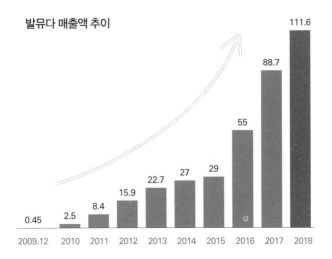

발뮤다 매출액 추이

2009.12	2010	2011	2012	2013	2014	2015	2016	2017	2018
0.45	2.5	8.4	15.9	22.7	27	29	55	88.7	111.6

최근 10년간 매출이 크게 증가하여 2018년에는 111.6억 엔이 되었다.

터가 2만 2,900엔인 것을 감안할 때 타사 제품에 비해 가격이 꽤 높은 편이다. 선풍기든 토스터든 몇 천 엔이면 살 수 있는 현실을 고려했을 때 이 정도로 높은 가격이라면 '팔리지 않는다'라고 판단하여 기획단계에서 탈락시키는 것이 보통이다. 하지만 테라오 겐은 보통 사람이 아니다. '보통'이라는 단어를 싫어하고 '상식'을 간단히 파괴한다. 이 책의 제목처럼 테라오 겐도 발뮤다도 상식을 거스르는 '반상식의 철학'을 가지고 있기 때문에 이런 제품을 세상에 내놓을 수 있었다.

테라오 겐을 한마디로 표현하자면 '가능성이 있는 사람'이다. 테라오 겐은 말한다. "가능성은 누구에게나 있고 언제든 자유롭게 사용할 수 있다." 이 책에서 '가능성'은 특히 중요한 테마다.

자, 이제 본론으로 들어가 보자.

The GreenFan | 그린팬

업계를 놀라게 한 선풍기

자연에서 불어오는 기분 좋은 바람을 느낄 수 있는 선풍기 그린팬. 2010년에 초기 모델을 출시한 후 현재 40만 대가 넘게 팔리며 스테디셀러 제품이 되었다.

이중구조 날개를 사용하여 만든 빠른 바람과 느린 바람이 서로 부딪치면서 기존의 선풍기보다 약 네 배 넓게 퍼지는 바람을 실현했다. 부드럽고 기분 좋은 바람이 되는 것은 이 때문이다.

BALMUDA The Toaster | 발뮤다 더 토스터

'감동적인 토스트'는 이 제품으로

'맛있다!'라고 화제가 된 발뮤다의 토스터. 굽기 전에 토스터 상부에 있는 급수구에 물을 넣는 것이 특징으로 증기를 사용하여 절묘한 굽기로 구워낸다.

굽기 전에 5cc 크기의 전용 컵으로 본체 상부의 급수구에 물을 붓는다(클래식모드 제외).

토스트, 치즈 토스트, 바게트, 크루아상 등 빵의 종류에 따른 전용 모드를 갖추고 있다.

BALMUDA The Light | 발뮤다 더 라이트

아이의 눈에 자극 없는 빛을 실현

부드러운 태양광 LED 데스크 라이트. 콤팩트하고 귀여운 원형 본체에
의료용 수술 전등에서 힌트를 얻어 최신 테크놀로지를 접목했다.

멀리 떨어진 위치에서 비스듬하게 주위를 비추어 사용자
의 머리 그림자가 생기지 않도록 했다. '자연의 빛'에 가
까운 태양광 LED를 채용했기 때문에 색을 정확하게 비
춰준다.

테라오 겐의 History

1973	●	일본 지바현 출생. 이바라키현 류가사키시에서 자랐다
1990	●	고등학교 2학년(17세) 때 스스로 중퇴를 결정하고 고등학교를 그만둔다.
1991	●	가방 하나 손에 들고 스페인, 이탈리아, 모로코 등 지중해 연안 국가를 방랑하는 여행을 떠난다.
1992	●	18세. 귀국 후 세계적인 록밴드를 목표로 음악 활동을 시작한다. 대형 음반 회사와 계약을 하는 등 밴드 활동에 전념한다.
2001	●	28세. 약 9년간 이어오던 음악 활동을 그만두고 제조업의 길에 들어선다. 공장에 뛰어들어 가르침을 구하는 등 설계·제조기술을 독학으로 습득한다.
2003	●	발뮤다 디자인을 설립(2011년 '발뮤다'로 사명을 변경). PC 주변기기와 데스크 라이트 등을 개발·판매한다.
2009	●	리먼 쇼크의 영향으로 도산 위험에 직면한다.
2010	●	지금껏 없었던, 자연에서 불어오듯 부드러운 바람이 기분 좋은 DC 모터 선풍기 그린팬GreenFan을 개발·판매하며 가전업계에 돌풍을 일으킨다.
2015	●	스팀을 사용하여 절묘한 굽기를 실현한 발뮤다 더 토스터BALMUDA The Toaster가 기록적인 판매량을 올린다(2019년 6월 시점, 누계 70만 대 출하).
2019	●	전기주전자, 밥솥, 전자레인지 등의 가전제품과 데스크 라이트 등 제품군을 늘려 직원 수 110명, 매출액 111억 엔의 기업이 되었다.

발뮤다 제품의 History

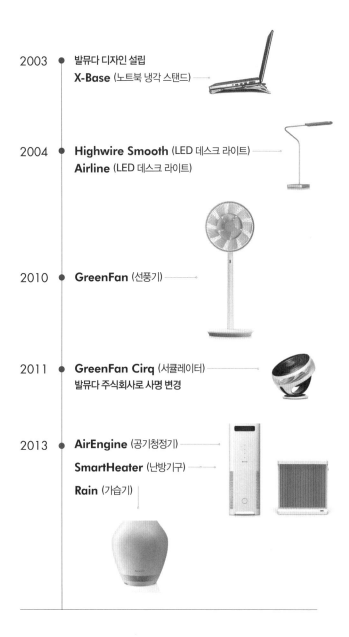

2003 발뮤다 디자인 설립
X-Base (노트북 냉각 스탠드)

2004 **Highwire Smooth** (LED 데스크 라이트)
Airline (LED 데스크 라이트)

2010 **GreenFan** (선풍기)

2011 **GreenFan Cirq** (서큘레이터)
발뮤다 주식회사로 사명 변경

2013 **AirEngine** (공기청정기)
SmartHeater (난방기구)
Rain (가습기)

2014 GreenFan Japan (선풍기, 현재의 The GreenFan)

2015 **BALMUDA The Toaster**
(스팀토스터)

2016 **BALMUDA The Pot**
(전기주전자)

2017 **BALMUDA The Gohan** (밥솥)

BALMUDA The Curry (카레 소스)

BALMUDA The Range
(오븐레인지)

2018 **BALMUDA The Light**
(태양광 LED 데스크 라이트)

2019 **BALMUDA The Pure** (공기청정기)

CONTENTS

PART 01

가능성

'불가능'을 증명하는 것은 불가능,
세상은 '가능성'으로 가득 차 있다

가전 벤처계의 성공 신화, 발뮤다를 이끌고 있는 테라오 겐. 그는 철저히 '좋아하는 일, 하고 싶은 일을 마음껏 하는 삶'을 산다. 업무나 개인적인 사정에 얽매여 좀처럼 생각한 것을 행동으로 옮기지 못하는 대부분의 비즈니스맨에게는 꿈같은 이야기다. 테라오 겐은 어떻게 '자유로운 삶'을 실천해왔을까? 자신의 인생을 스스로 개척해나가는 그만의 자유로운 인생철학에 대해 물었다.

많은 비즈니스맨들이 '더 자유롭게 일할 수 있었으면, 더 자유롭게 살아갈 수 있었으면' 하고 바라고 있어요. 저도 그렇지만 그런 사람들은 자유를 동경하면서도 자유롭게 살지 못하는 자신에게 답답함을 느낍니다. 테라오 씨는 '자유로운 삶'에 대해 어떻게 생각하세요?

_____ 저는 일단 가고자 마음을 먹으면 그곳이 어디든 갑니다. 제가 원하면 어떤 사람이든 될 수 있다고 생각해요. 그건 저뿐만이 아니라 누구든 마찬가지예요. 타고난 능력이나 성장배경보다는 그런 마음가짐이 중요하죠. 누구나 어디든 갈 수 있고 어떤 사람이든 될 수 있습니다. 이미 포기해버렸다면 그건 정말 잘못 생각하고 있는 겁니다.

가
능
성

○ 진심은 행동으로 드러난다

어디든 갈 수 있고 어떤 사람이든 될 수 있다…. 그렇게 생각하고 싶어도 현재 상황이나 시간, 돈 같은 것을 따지다 보면 말처럼 쉬운 일은 아니잖아요?

_____ 그렇죠. 이런 말을 하면 대부분 '불가능하다'라는 반응을 보여요. 물론 지금 당장 갈 수 없는 장소도 있죠. 이를테면 달 같은 곳이요. 그렇다고 해도 '절대 갈 수 없다'라고 단정 지을 수 있을까요?

'절대'라고는 말할 수 없겠네요.

_____ 정말 '가야 할 곳'이라고 마음을 먹었다면 어디든 갈 수 있다고 생각해요. 그것이 진심이라면 회사를 그만두어서라도 시간을 만들 것이고 돈이 부족하면 빌려서라도 자금을 마련할 겁니다.

실현하는 데 있어서 무엇이 문제가 되는지 진지하게 고민한다면 현 시점에서 해야 할 일이 보이게 마련이죠.

가령 남극이나 에베레스트라도 조금만 검색하면 가는 방법을 알 수 있어요. 목적지까지 며칠이 걸리는지, 어떤 장

비가 필요한지, 어떤 서류를 준비해야 하는지 같은 거요.

그 정도라면 인터넷으로 알아볼 수 있겠네요.

_____ 그다음은 행동으로 옮기는가에 달렸어요. 저는 뭐든 '불가능하다'고 생각한 적이 없어요. 정말 달에 가고 싶어지면 우주선 개발에 뛰어들지도 몰라요.

ㅇ 그래서 나는 도전한다

매사에 '불가능하다'고 생각하는 사람은 '가능성'이 있는 것을 스스로 부정하고 포기해버린다는 말이군요.

_____ 제가 이렇게까지 단언할 수 있는 이유는 세상이 '가능성'으로 가득 차 있다는 사실을 깨달았기 때문입니다. 다시 말하지만, 할 수 없는 일이 있을 수는 있어요. 하지만 절대 할 수 없다고 단정 지을 수는 없어요.

"불가능을 증명하는 것은 불가능하다."

그 말인즉 '가능성은 항상 존재한다'라는 이야기가 됩니다. 이걸 깨달으면 불가능하다고 여겨지던 것도 망설임 없이 도전할 수 있게 되죠. 그런 도전이 불가능을 가능하게 만드는 것이고요.

가능성은 어떻게 해도 부정할 방법이 없어요. 그러니까 하고 싶은 일이 생기면 무엇이든 도전합니다. 그게 제 삶의 원점이자 발뮤다 사업의 행동원칙이에요.

자신의 가능성을 알면 인생이 즐거워지고 일도 재밌어지죠.

가능성이 존재한다는 믿음을 가지려면 어떻게 해야 할까요?

_____ 가능성을 '믿는다'라기보다 '지금 여기에 있다'고 생각하는 것이 중요해요. 가능성이 '있다'는 것을 인지하고 있는가, 단지 그뿐이에요.

학교에서 지식이나 상식만 가르치고 자유로운 삶의 방식에 대해서는 가르치지 않기 때문에 많은 사람이 가능성의 존재를 깨닫는 데 어려움을 겪는 걸 수도 있어요.

저는 그것을 부모님에게 배웠어요. 부모님의 삶에서 무엇이든 할 수 있고, 무엇을 해도 좋다는 것을 배웠죠.

° 어느 날 갑자기 도예가가 된 아버지

부모님의 영향을 많이 받았나요?

_____ 아버지에 대한 에피소드를 하나 들려드릴게요. 제가 열 살 때 부모님이 이혼하면서 저랑 동생은 아버지와 함께 살게 됐어요. 당시 아버지는 일정한 직업이 없었고, 신문이나 우유 배달, 페인트칠, 하수도 공사 등을 전전하며 생계를 유지하고 있었죠.

그런 아버지가 어느 날 "나는 도예가가 될 거다!"라고 눈을 반짝이며 말씀하셨어요. 슈퍼마켓에 붙어 있던 도예 교실 포스터를 본 순간 온몸에 전류가 흐르는 것 같았대요. 다음날부터 아버지는 도예 교실에 나가셨는데, 한 달 후에는 스승의 솜씨를 뛰어넘었고 반년 후에는 도예품 가게에 자신의 작품을 진열할 정도가 되었죠.

한순간의 계기로 변변한 직업도 없이 두 아들을 키우던 마흔 살의 아버지가 엄청난 속도로 도예가로 거듭난 거예요. 하고 싶은 일을 발견하고 자신의 힘으로 인생을 개척해간 아버지의 모습을 곁에서 지켜보면서, 저는 압도되고 말았죠.

대단한 기세네요.

_____ 인간은 마음만 먹으면 엄청난 힘을 발휘하잖아요.
어떤 가능성이라도 이루어질 수 있어요.

○ 목숨을 바쳐 인생을 즐기셨던 어머니

_____ 어머니는 '사람은 어떤 경우라도 인생을 최대한 즐겨야 한다'라는 생각을 가진, 아버지와 마찬가지로 정열적인 분이셨어요.

어머니는 제가 열네 살 때 하와이에서 돌아가셨어요. 수영도 못하면서 바다에 들어가 스노클링을 하다가 사고를 당하셨죠.

어떻게 보면 무모한 행동 같지만 저는 어머니다운 죽음이라고 생각했어요. 비록 수영은 못 하지만 눈앞에 펼쳐진 아름다운 바다를 즐기려고 하셨던 거예요.

저에게는 마치 어머니가 '인생은 짧다. 하고 싶은 일이 있으면 목숨을 바쳐도 좋다'라고 말씀하시는 것만 같았죠.

목숨을 바쳐서라도 '하고 싶은 일'을 실행하라는 어머니의 행동력을 테라오 씨가 물려받은 거군요.

_____ 어머니와 비슷한 사고방식을 가진 사람들은 보통 누군가에게 '불가능하다'라는 말을 들어도 의아한 표정을 지으며 '어째서?'라고 반문하곤 해요. 그런 사람들이야말

로 불가능을 가능하게 하고, 세상에 이노베이션을 일으키
는 것이 아닐까요?

○ '가능성'은 누구나 사용할 수 있는 툴

가능성을 믿는 사람이 혁신을 일으킨다는 거군요.

_____ '가능성'은 누구나 가지고 있고 언제든 자유롭게 사용할 수 있는 툴이에요. 믿음도 중요하지만 실제로 써먹어야 합니다. 누구나 가지고 있는 멋진 툴인데 묵혀두기만 하면 아깝잖아요.

자신에게 가능성이 존재한다는 사실을 깨닫게 되면 무언가를 하려고 할 때 '불가능한 것은 없다'라고 생각할 수 있게 되죠.

○ '어째서?'는 불가능을 부정한다

'가능성의 존재'를 실제로 체험한 적이 없는 사람은 테라오 씨처럼 가능성을 자유자재로 사용하기가 쉽지 않을 것 같은데요.

_____ 저처럼 가능성을 직접 느낄 기회가 없었다고 해도 사고습관을 바꾸면 가능성을 사용할 수 있게 돼요.

항상 '어째서?', '정말 그런가?'라고 생각하는 겁니다.

저는 무언가에 위화감을 느끼면 '어째서?'라고 되묻는 버릇이 있어요. 이런 사고는 정말 중요해요. '어째서?'는 불가능을 부정하는 키워드이기 때문이죠.

불가능을 부정하는 키워드요?

_____ 예를 들어, 어떤 사업 아이디어를 두고 모두가 불가능하다고 말하면 '어째서 불가능한가?', '정말 불가능한가?' 하고 생각해요.

'내가 할 수 있는 부분이 있지 않을까?', '어떻게 하면 해낼 수 있을까?', '해내기 위해서는 무엇이 필요한가?', '필요한 것을 얻으려면 어디서 정보를 얻어야 할까?'라는 식으로 '불가능'을 부정하면서 더욱 깊이 생각하게 되거든요. 해야 할 일이 눈에 보이기 시작하면 실행에 옮깁니다. 이런 사고습관을 들이면 저절로 가능성을 사용할 수 있게 되죠.

○ 작은 '불가능'에 도전해본다

'이건 어렵다', '불가능하다'라고 안이하게 생각하지 말고 '어째서?'
라고 자신에게 되물어야 한다는 거군요.

_____ 그렇죠. 우선은 작은 것이라도 상관없으니 '불가능
하다고 여겨지는 일'에 연습 삼아 도전해보는 것도 방법
입니다.

가령 '항상 저기압이라 모두가 피하는 직장 상사를 웃게
만들어라'에 도전한다면, 어떤 방법이라도 좋으니 다양한
방법을 시험해보는 거예요. 농담이 통하지 않는다면 등
뒤에서 간지럼을 태워도 좋고요. 우선은 웃게 만드는 것
이 목적이니까요.

겸손함이나 상식 같은 건 무시하고, 일단 '불가능하다고
생각되는 것'을 '깨부숴보면' 어떨까요?

이것은 가설을 세워 실행하고 실패하면 다른 가설을 세
워 다시 시도한다는, 가능성을 사용하는 프로세스입니다.
그러니까 더 많이, 적극적으로 가능성을 사용해보길 바랍
니다.

PART 02

상식

가능성을 파괴하는 것은 '상식',
상식에 얽매이지 말고 '하고 싶은 일'을 관철하라

누구에게나 '가능성'은 있다. 문제는 그것을 누가 사용하는가다. 가능성을 발휘한다면 뭐든지 해낼 수 있다는 테라오 겐의 말은 분명 설득력이 있다. 하지만 아직 막연하게 느끼는 사람도 있을 터. 지금껏 인생에서 '불가능'해 보이는 상황에 몇 번이고 맞닥뜨려 꿈을 포기하고 현실에 타협해온 사람이라면 더욱 그렇게 느낄 것이다. 어째서 불가능하다고 생각해버리는 걸까? 거기에는 가능성을 발휘하지 못하도록 가로막는 '벽'이 있다. 테라오 겐에게서 그 벽을 허무는 사고법에 대해 들을 수 있었다.

"가능성은 누구나 가지고 있고, 언제든 자유롭게 사용할 수 있다"
라고 하셨는데, 물론 그 말에 동의하지만 아직 막연하게 느껴지는
사람들이 있을 것 같은데요.

_____ 저는 지금껏 몇 번이나 가능성을 사용하여 불가능
하다고 여겨지는 것에 도전해왔어요. 그럴 때마다 주위에
서 어떻게 그렇게 무모한 일을 할 수 있느냐는 말을 하는
데, 저에게는 전혀 무모한 일이 아니에요. 항상 '가능할지
도 모른다'라고 생각하기 때문이죠.
그것을 상대에게 설명하려고 하면 '그렇지만 일반적으로
○○라고 생각하지 않나요?'라고 말합니다. 사실 그 질문
이 가능성을 사용하지 못하도록 가로막는 가장 큰 걸림

상
식

돌이에요.

그 질문의 '정체'가 뭐라고 생각하세요?

정체요? 글쎄요…. 뭐죠?

_____ 바로 '상식'입니다.

무언가를 하자, 하고 싶다고 생각하다가도 '하지만 보통
은 이렇지'라며 포기해버릴 때가 있잖아요. '보통은 이렇
다'라는 생각이 바로 자신이 갖고 있는 상식이죠.

가능성을 믿고 사용하기 위해서는 이런 상식을 깨부술
필요가 있어요.

'가능성과 상식'은 '빛과 어둠' 같은 관계예요. '가능성'은
새로운 세계를 만드는 밝은 존재지만, 이미 고정되어버린
'상식'은 변화의 여지가 없기 때문에 가능성에 비해서 부
정적인 존재로 비치곤 하죠.

ㅇ 상식은 빈틈투성이

_____ '타인에게 폐를 끼치지 말라'는 부모가 아이에게 가르치는 대표적인 상식이잖아요. 어째서 타인에게 폐를 끼치면 안 될까요?

모두가 멋대로 행동하면 커뮤니티가 형성되지 않을 테고, 말 그대로 사회가 성립되지 않기 때문이 아닐까요?

_____ 그것도 맞는 말이긴 해요. 하지만 우리는 사회를 성립시키기 위해서 살아가는 걸까요? 다시 한 번 생각해 보셨으면 해요. '타인에게 폐를 끼치지 않고 살아간다'라는 게 정말 가능한 걸까요?

ㅇ '폐를 끼치지 말라'는 불가능한 요구

_____ 우리는 매일같이 부모나 형제, 친구, 지인, 업무상 관계자 등 수많은 사람에게 폐를 끼치며 살아가고 있어요. 심지어 백 명을 구하기 위해 한 명을 희생시킬 때도 있죠.

누군가에게 폐를 끼치지 않고 살아가는 것은 불가능합니다. 그러니까 '타인에게 폐를 끼치지 말라'는 말은 애초에 불가능한 주문인 거죠.

인간관계에서 마찰이 생기는 것은 당연해요. 반대로 서로 돕고 사는 것이 인간관계의 묘미이기도 하고요.

민폐의 정도에 따라 다르겠지만, 저 역시 '폐를 끼쳐서는 안 된다'라는 상식에 얽매여 있었던 것 같긴 해요.

_____ 그렇죠. 생각해보면 '타인에게 폐를 끼치면 안 된다'라는 상식은 그 근거가 무척이나 애매해요. 사회통념상 널리 퍼져 있는 상식들도 과학적인 근거가 없는 것이 대부분이잖아요.

ㅇ 절대 안 팔린다?

_____ 저는 지금껏 상식과 수없이 싸워왔습니다. 발뮤다라는 회사 이름이 세상에 알려진 계기가 된 선풍기 그린팬도 당시 상식으로는 말도 안 되는 제품이라는 이야기를 들었으니까요. 그린팬은 기분 좋은 시원함을 느낄 수 있는 자연의 바람을 구현해낸 획기적인 선풍기입니다. 고가의 모터를 사용하기 때문에 개발할 때부터 판매가격이 높아질 것을 이미 예상하고 있었죠.

당초 예상 가격은 얼마였나요?
_____ 예상 가격은 3만 5,000엔이었어요. 저렴한 선풍기는 2,000~3,000엔 정도면 살 수 있으니, 0 하나가 더 붙은 셈이죠.
그 당시 저는 획기적인 선풍기 아이디어를 갖고 있었고 그것을 상품화하는 방법도 알고 있었지만, 제대로 된 최종 시작품을 만들 자금조차 없었어요. 그래서 정부와 공공기관의 다양한 조성금 제도를 이용하여 자금을 마련하려고 했는데, 그린팬 사업은 좋은 평가를 받지 못했고 결국 자금 조성에 실패하고 말았습니다. 걸림돌이 된 것은 역시 가격이었어요.

'상식적'으로 생각하면 3만 5,000엔짜리 선풍기는 '너무 비싸서 팔리지 않는다'라는 말을 들어도 이상하지 않죠. 자금 조달도 어려웠겠어요.

_____ 정말 힘들었어요. 아직도 기억이 나는 게, 심사장에 있던 마케팅 전문가 심사관이 이렇게 말했어요.

"3만 5,000엔짜리 선풍기는 절대 안 팔려요. 기술이나 디자인이 어떻든지 간에 기존 상품보다 가격이 너무 높습니다. 상식적인 범위를 넘어섰어요. 수입품이라면 몰라도. 당신은 마케팅을 몰라도 너무 모르네요."

아, 정말 다시 생각해도 화가 나네요. '가격을 조금 낮출 수 있도록 개선하겠다'라고 대답했으면 좋았을지도 모르죠. 하지만 저는 "상식의 범위", "수입품이라면 몰라도"라는 말을 듣고 참을 수가 없었어요. 상식을 뛰어넘는 가격에 팔린 상품은 얼마든지 있는 데다가 그것이 전부 수입품인 것도 아니거든요. 대체 무슨 근거로 그런 말을 하는 건지. 그렇게 심사관에게 반론을 제기하고 말았죠.

ㅇ '비非상식'이 아니라 '반反상식'

아, 정말 그렇게 말씀하셨군요….

____ 뭐, 그 말을 하든 하지 않든 결과는 같았을 거예요. 이건 '근거 없는 상식'에 가능성을 부정당한 하나의 예라고 할 수 있어요. 다행히 다른 형태로 자금을 마련할 수 있었고 그린팬은 세상에 나올 수 있었어요. 하지만 세상에는 제가 겪은 것처럼 분명 상식에 짓밟혀버린 획기적인 아이디어가 많을 겁니다.

저는 상식이라고 불리는 것에 가능성이 짓눌려서는 안 된다고 생각해요. 그러니까 상식을 안이하게 받아들이지 않았으면 좋겠어요.

이건 '비상식'이 좋다는 이야기가 아닙니다. '비상식'은 상식을 모른다는 말이니까요. 중요한 것은 세상의 상식을 인지한 상태에서 그것이 잘못되었다고 생각하면 상식에 반하는 행동을 해도 좋다는 거예요.

'비상식'이 아니라, 상식을 인지한 상태에서 상식에 반하는 '반상식'
이라는 말인가요?

맞아요. '하고 싶은 일'을 관철하려면 상식이 장벽이 되기
마련이죠. 그러니까 '반상식'의 눈으로 세상을 바라봐야
합니다.

PART 03

꿈

나에게 꿈은
'목표'가 아닌 '의무'

어린 시절 어떤 어른이 되고 싶었는가? 어떤 일을 하고 싶었는가? 과거를 회상하면 그리움과 동시에 서글픔을 느끼는 사람도 있을 것이다. 지금 하는 일에 미래가 보이지 않는가? 미래가 보이지 않는 사람은 어떻게 해야 하는가? 세계적인 록스타를 꿈꾸며 뮤지션으로서 무대에 오르던 때가 있었다는 테라오 겐에게 '꿈'에 대해 물어보았다. 그러자 일반적인 '꿈'에 대한 사고방식과는 다른, 의외의 대답이 돌아왔다.

○ ○ ○

○ ○ ○

○ ○ ○

일하다가 문득 '이게 정말 내가 원하던 일이었나' 하는 생각이 들 때가 있어요. 어린 시절 꿈꾸던 일에 가까이 와 있나, 본래 '꿈'은 이루어질 수 없는 건가, 아니면 이루어질 때까지 쫓아야 하나, 이런 생각이요. 테라오 씨는 '꿈'에 대해 어떻게 생각하세요?

_____ 꿈을 위해 산다는 건 멋진 일이에요. 물론 아무리 노력해도 이루어지지 않는 꿈도 있지만, 꿈을 향해 최선을 다하는 사람은 정말 매력적이잖아요. 나답게 자유로운 삶을 살기 위해서는 꿈을 갖는 것이 중요해요.

사람에 따라 꿈에 대한 정의나 이미지가 다르겠지만, 저에게 '꿈'은 '목표로 삼아야 하는 것'이라기보다는 '꼭 되어야 할 모습'이에요. 그러니까 '목표'가 아니라 '의무'죠.

꿈

'의무'가 되면 부담이 되지 않나요?

_____ 아니요, 오히려 의무인 편이 마음도 편하고 즐거워요.

○ 내가 안 하면 누가 해?

어째서 꿈을 의무라고 생각하세요?

_____ 저는 그냥 당연하게 의무로 받아들여요. 왜일까요…? 아마도 꿈을 그릴 때 '나라면 할 수 있다'라고 생각하기 때문인 것 같아요. 예를 들어, 자기 자신이 무언가 큰일을 해내는 모습을 그려본다고 합시다. 엄청난 성공을 이루어내는 상황 같은 거요. 실제로 그런 성공을 이룰 수 있다면 어떻게 하시겠어요?

실현할 수 있다면 해야죠. 안 하면 손해니까요.

_____ 그렇죠. 당연히 하겠죠. 심지어 '내가 안 하면 누가해?'라는 생각이 들지도 몰라요. 그렇게 되면 꿈은 자연스럽게 내가 해야만 하는 의무가 됩니다.

그러고 보니 점점 의무처럼 느껴지네요.

_____ 이런 의무는 부담스럽게 느껴지지도 않아요. '나라면 할 수 있다'라는 전제에 긍정적인 기운이 담겨 있기 때문이죠. 꿈이 단순히 '하고 싶은 일(희망)'인 경우라면 행

꿈

동이 좀처럼 따라주지 않을 수도 있지만, '꼭 해야만 하는 일(의무)'이 되면 저절로 행동이 따르게 되거든요.

꿈은 적극적으로 도전하는 것이 중요해요. 일단 행동에 옮기기 시작하면 스스로 꿈과 현실의 격차를 깨닫고 그 격차를 좁히기 위해 노력할 수 있으니까요.

ㅇ 간절한 '염원'일수록 선명하게

그렇게까지 확신할 수 있는 '꿈'을 가지려면 어떻게 해야 하나요?

_____ 꿈은 머릿속에 시각적으로 선명하게 그려야 해요. 막연한 이미지는 '꼭 되어야 할 모습'으로 삼기 어렵거든요.

여기서 필요한 것이 '간절한 염원'입니다. 염원이 간절할수록 상상력을 자극해서 이미지가 구체적으로 보이기 시작하죠.

꿈이 확실하게 보이지 않는 이유는 염원이 간절하지 않거나 하나의 염원에 집중하지 않기 때문입니다. 이것저것 다양한 꿈을 갖고 있는 사람은 하나에 집중할 수가 없어요. 그렇게 되면 꿈을 이루기가 쉽지 않죠.

'염원은 한 가지만, 그것도 간절하게'가 중요해요.

꿈

○ '동경의 대상'을 목표로 삼는다

꿈은 '동경심'에서 비롯되기도 하잖아요. '나도 저렇게 되고 싶다'라는 마음에서요.

_____ 제가 록스타가 되겠다고 밴드 활동을 하던 20대 시절에 꿈에 그리던 이미지는 CD가 수백만 장 팔리는 그런 것이 아니라 우리 밴드 로고가 그려진 전용기로 세계 투어를 다니는 것이었어요.

U2나 롤링스톤즈 같은 록스타들이 전용기를 타고 세계 투어를 다녔기 때문에 그들에 대한 동경심에서 그런 꿈을 꾸었던 거죠.

지금 돌이켜보면 스스로 생각해도 정말 허무맹랑한 꿈을 꾸고 있었어요(하하). 하물며 악기도 제대로 다루지 못할 때부터 그런 꿈을 꿨으니 말 다했죠.

하지만 당시에는 정말 그렇게 될 수 있다는 믿음을 가지고 밴드 활동을 했었어요. 그러니까 꿈을 가질 때는 저만큼이나 근거 없는 자신감을 가져도 좋다고 생각해요.

○ '꿈'도 '기획'도 마찬가지

지금 테라오 씨의 꿈은 뭔가요?

_____ 꿈에 대해 이렇게 이야기하다 보니 제 꿈은 '뭔가 사회적인 움직임을 만들고 싶다'에서 시작된 것 같다는 생각이 드네요. 밴드 로고가 새겨진 전용기를 타거나 돈을 많이 벌겠다는 야망이 아니라 세계적인 흐름을 선도하는 영향력 있는 인물이 되고 싶었던 거라고도 말할 수 있겠네요.

그렇게 사회현상을 일으키고 싶다는 염원이 발뮤다의 제품기획으로도 이어지고 있는 거죠. 새로운 제품을 기획할 때면 종종 신문에 대대적으로 거론되는 모습이 머릿속에 떠오르곤 하는데, 그런 구체적인 이미지가 그려지면 기획에 힘이 실리죠. 설득력이 한층 높아집니다.

꿈을 이루는 프로세스는 기획을 실현하는 프로세스와 같아요. 간절한 염원으로 '꼭 되어야 할 모습'을 떠올리고, 그것을 실현하기 위해 노력을 거듭하는 거죠. 스스로 의무감이 느껴질 정도로 확신이 드는 기획을 제안한다면 실현될 확률은 확연히 높아질 겁니다.

꿈

○ 깜짝 놀랄 정도로 맛있는 토스트

큰 성공을 거둔 토스터는 꿈에 그리던 이미지가 실현된 사례로 보면 될까요?

_____ 독자적인 스팀 기술을 이용한 우리 회사의 발뮤다 더 토스터BALMUDA The Toaster는 '꼭 되어야 할 모습'에 최대한 가깝게 구현한 제품입니다. 개발하는 동안 머릿속에 그리고 있던 이미지는 '토스트를 한 입 베어 물고 너무 맛있는 나머지 우와! 하고 놀라는 고객의 모습'이었어요.

'꼭 되어야 할 모습'을 하나의 형태로 단순화해 두지 않으면 개발 도중에 판단이 흔들릴 수 있어요. 그래서 저희는 토스터의 문제점을 보완하고 수없이 시식하면서도, '토스트를 먹고, 우와! 하고 놀랐는가'를 우선순위에 두고 판단했죠.

'다른 것보다는 맛있네'가 아니라 '이건 완전히 달라!'라는 놀라움이 없으면 제품을 출시하는 의미가 없다고 생각했으니까요.

그런 놀라움을 준 시작품이 만들어졌을 때 틀림없이 성공할 거라는 확신이 들었어요. 머릿속에 선명하게 그리고 있던 이미지가 눈앞에서 재현되었기 때문이죠.

저도 그 토스터를 가지고 있는데 정말 다른 토스터와는 결과가 완전히 다르더라고요. 오오! 하고 놀랐어요.

_____ 감사합니다(하하).

자신의 의무라고 여겨지는 꿈을, 간절한 염원을 담아 선명하게 그려야 해요. 그러면 꿈이 이루어질 확률이 훨씬 높아질 겁니다.

집념으로 만들어낸,
지금껏 없었던 데스크 라이트

어떻게 발뮤다에 입사하게 되었나요?

지키하라 2016년 가을에 입사해서 이제 2년 반 정도 되어 가네요. 발뮤다에서 일하던 친구 소개로 입사시험을 봤어요. 여기가 세 번째 회사고, 첫 직장은 대기업 전자회사, 두 번째는 자동차 관련 벤처기업이었죠. 줄곧 기계를 설계하는 엔지니어로서 일해 왔어요.

입사 후 어떤 일을 했나요?

지키하라 처음에는 기기를 양산하다가 곧 발뮤다 더 라이트 BALMUDA The Light 개발에 참여하게 되었어요.
이 제품은 두 아이를 둔 대표님의 실제 경험에서 탄생했어요. 책상에 구부정한 자세로 앉아 그림을 그리는 아이들의 손 주위가 머리 그림자 때문에 어두웠던 거죠. 거기서 대표님은 '책상에 앉아 있는 아이들의 눈을 지키고 싶다. 어떻게 해야 좋을까?'라는 생각을 하게 되었고, 그 문제를 해결하기 위한 데스크 라이트 개발에 착수했어요. 그게 2014년 여름이었고요.

하지만 목표로 삼았던 '이상적인 빛'을 좀처럼 찾아내지 못했어요. 그렇게 기획한 지 2년이 지났을 무렵 제가 발뮤다에 입사했죠.

저는 전자회사에서 감시카메라 기기를 설계했었는데, 광학계는 물론 디자인부터 개발·설계까지 해왔던 터라 입사 후 곧바로 데스크 라이트의 담당으로 지목되었죠.

기획한 지 2년이 지나도록 지지부진하던 때에 꼭 필요한 인재가 들어온 거군요.

지키하라 꼭 필요한 인재라기보다는, 저에게 조금이나마 지식이 있을 거라고 생각한 것 같아요. 그때 마침 '세상에서 가장 사물을 잘 봐야 하는 곳은 어디일까?' 하고 고민하던 대표님은 의료현장의 수술 조명에 주목하셨고, 그 분야 일본 점유율 상위의 야마다 의료조명이라는 회사에 견학을 다녀오라고 하셨죠.

처음에는 말 그대로 견학을 위해 야마다 의료조명을 방문했지만, 곧 "왜 발뮤다에서 우리 회사에 견학을?"이라는 질문을 받았고, 그 자리에서 기획에 관한 이야기를 들려드렸어요. 경위를 설명하다 보니 우리 회사의 생각이 잘 전해졌는지 공동개발 쪽으로 가닥이 잡혔어요.

그 후로도 정말 많이 노력했습니다. 수술 조명에서 영감을 얻어 개발한 독자적인 빛 확산 기술로 손 주위에 그림자가 생기지 않도록 하고, 태양광 LED를 사용하여 자연광에 가까운 색으로 보이도록 하는 등 여러 차례 실험을 거쳐 과제를 클리어해갔어요. 솔직히 말하면 반쯤 포기한 상태로 실험을 반복할 때도 있었죠.

그야말로 집념이네요.

지키하라 사실 가장 어려웠던 건 디자인이 정해져 있다는 점이었어요.

부연설명을 하자면, 우리 회사에는 '크리에이티브부'와 '연구개발실'이 있는데 크리에이티브부는 '꿈을 그리는 부서'입니다. 실현 가능한가를 염두에 두기보다는 고객이 체험하길 바라는 가치를 창조하는 부서예요.

반면 제가 소속된 연구개발실은 그 꿈을 기술로 '현실화하

는 부서'라고 할 수 있죠. 따라서 크리에이티브부가 생각해

낸 디자인으로 제품을 만들 수밖에 없어요. 그렇지 않으면

크리에이티브부가 상정하고 있는 가치가 근본적으로 뒤집히

고 마니까요.

본체 크기가 달라지거나 디자인 일부를 변경하면 전체적인 느낌이
나 사용감도 달라지겠네요.

지키하라 현실에선 더 복잡한 경우의 수가 존재해요. 대표님

이나 크리에이티브부가 그려놓은 디자인대로 제품을 구현해

낼 수 있었다고 해도 기대했던 체험을 제공하는가는 또 다른

문제죠. 막상 실물을 보고 '이게 아닌데' 하는 경우가 종종

있거든요.

제품을 거의 완성한 상태에서 기획이 중단되기도 하나요?

지키하라 물론이죠. 실제로 제품을 가동해보고, 아니다 싶으

면 개량 정도가 아니라 기획 자체를 없애기도 해요.

기획서 단계에서 틀어지는 것과 고생 끝에 작동 단계까지 만든 후 중단되는 것은 정신적인 충격 면에서 많이 다를 것 같은데요.

지키하라 우리 회사의 경우 작동 단계까지 만드는 것이 기획에 포함되어 있어 중단되는 건 흔한 일입니다. 제품화되는 비율이 3할 정도예요. 빛을 못 보고 사라진 제품도 많죠.

이직한 지 2년 반이 지난 지금, 발뮤다나 테라오 씨에 대해서 어떻게 생각하고 있나요?

지키하라 입사 전에는 '무서운 기세로 치고 나가는, 위험성이 큰 벤처기업일지도 모른다'라는 이미지가 있었기 때문에 조금 불안한 마음도 있었지만, 입사해보니 평균연령이 40세 전후로 높은 편이었고 제대로 된 물건을 만들어내는 기업이라는 느낌을 받았어요.

그 원동력이 바로 대표님이죠. 대표님은 '상식을 바탕으로 그것을 깨부수는 사람'이에요. 말하자면 '틀을 깨는 사람'이지만 모두가 생각하는 것보다 훨씬 '상식적인 사람'이에요.

세상이 어떻게 돌아가고 있는지 잘 알고 있는 데다가 '발뮤다가 고객을 위해 할 수 있는 일이 무엇인지'를 매우 냉정하게 생각하고 있어요. 사실 겉보기에는 조금 무서워 보이기도 하지만, 생각 없이 감정적으로 움직이는 사람은 아닙니다.

좋은 게 뭐고 나쁜 게 뭔지 정확하게 알고 있고, 상식에 반하는 것처럼 보여도 절대로 비상식적이진 않죠. 실제로 행동할 때도 직원이 받아들일 수 있도록 어떻게 이야기를 풀어나가야 좋을지 생각을 정말 많이 하세요.

또 자신의 제안대로 일을 진행하다가 실패하면 곧바로 사과합니다. 회의에서 의견을 강력히 피력하시다가도 다음 날 "하루 지나서 냉정하게 생각해보니 좀 지나쳤던 것 같아요. 다른 안이 더 좋은 것 같습니다"라고 말할 때도 있어요.

사고방식이 매우 논리적이에요. 저희 역시 논리적으로 말하지 않으면 이야기를 들어주시지 않죠.

'정열적이면서도 논리적'이라는 말은 모순처럼 들리는데, 테라오 씨는 그 양면을 다 가지고 있다는 거군요.

지키하라 맞아요. '긍정적인 엉뚱함'이랄까요. 그걸 행동에 옮기는 분이죠. '터무니없음'이 아니라 '긍정적인 엉뚱함'. 그런 면이 모두에게 존경받는 이유라고 생각합니다.

PART 04

실패

누구나 '실패'를 두려워하지만,
실패는 '가능성을 시험한 결과'일 뿐

○ ○ ○ ○ ○

○ ○ ○ ○ ○

○ ○ ○ ○ ○

○ ○ ○ ○ ○

○ ○ ○ ○ ○

'실패'하고 싶은 사람은 없다. 맡은 일에 실패하면 회사에 폐를 끼치고, 누군가에게 비난을 받는다. 당연히 풀이 죽기 마련이다. 실패를 통해 배우는 점도 많지만, '그래도 실패는 하고 싶지 않다'라는 생각에 자기도 모르게 움츠러들고 만다. 도전적인 업무를 할 수 없게 된다. 실패해도 기죽지 않는 정신력과 행동력이 필요하다. 큰 프로젝트를 해온 사람은 그만큼 실패도 많이 겪었을 터. 테라오 겐은 지금까지 어떤 실패를 하고, 어떻게 대처해 왔을까?

○ ○ ○

○ ○ ○

○ ○ ○

테라오 씨에게서는 실패해도 기죽지 않는 '의연함'이 느껴집니다.
실제로는 어떤가요?

_____ 저는 누군가에게 자랑할 만한 것이 별로 없는 사람
인데, '실패한 경험치'만은 달라요. 어린 시절부터 '하고
싶은 것을 하는' 자유로운 삶을 살아왔기 때문일까요. 또
래에 비하면 열 배쯤? 어쩌면 그보다 더 많은 실패를 경
험한 것 같아요.

물론 실패하면 창피하고 상처도 입고 분하기도 하죠. 더
욱이 전력을 다해 매달렸던 승부는 말할 것도 없고요.

하지만 그럴 때도 좀처럼 좌절하지는 않아요. 포기하지
않고 끊임없이 도전해서 성공했던 경험이 몇 번이나 있

었으니까요. 실패는 '가능성을 시험한 결과'일 뿐이죠.

실패를 거듭하면 할수록 성공에 가까워진다는 말이군요.

_____ 맞아요. 실패를 거듭한 끝에 성공에 이르는 프로세스를 겪어봤으니 더는 실패가 두렵지 않은 거죠. 앞으로 나아가고 있으니까요. 다양한 실패를 경험한 사람이 실패하지 않는 법이니까요.

같은 실패는 두 번 다시 하지 않는다. 그렇게 생각하기 때문에 실패를 해도 앞으로 나아갈 수 있는 거라고 생각해요.

○ '내일의 나'라면

하지만 비즈니스 세계에서는 한번 실패하면 실패를 만회할 기회가 두 번 다시 돌아오지 않을 때도 있잖아요. 예를 들어, 다른 회사와의 경쟁에서 패하는 경우처럼요.

_____ 거기서 패했다고 해도 '내일의 나라면, 1년 후의 나라면 어떻게 될지 모른다'라고 생각하면 돼요. 실패는 오늘의 실패인 거지 내일의 실패는 아니니까요. 그렇게 생각하면 어떤 상황에서도 실패를 긍정적으로 받아들일 수 있어요.

'책임지라'는 말이 두려워서 도전 못 하는 사람도 있어요.

_____ 그건 모르고 하는 말이에요. 책임은 '지는 것'이 아니라 '맡는 것'이죠. 업무상 책임을 진다? 어떻게 지면 되나요? 회사의 손해액을 개인이 감당해낼 수는 없어요. 책임을 질 수가 없는 거죠.

책임은 '맡는 것'인데, 그게 무슨 이야긴가 하면, '담당하는 안건에 대해 최선을 다한다'고 선언하는 겁니다. 책임을 실패나 성공과 연관시킨다는 게 말이 안 되는 거죠.

실
패

'책임을 맡는다 = 최선을 다한다'라는 말이군요. 책임은 애초에 질
수 없다는 거고요.

_____ 실패했을 때 할 수 있는 일은 진심으로 사과하거나
두 번 다시 같은 실수를 하지 않도록 대책을 세우는 정도
입니다. 다음 업무에서 만회하겠다는 마음가짐으로 앞으
로 나아가는 자세가 중요해요. 그러면 상사는 '저 녀석한
테 다시 한 번 맡겨봐야지'라는 마음이 생기게 되죠.

테라오 씨의 실패담을 듣고 싶은데요. 특히 기억에 남는, 크게 실패
한 경험이 있나요?

_____ 큰 실패라…. 실패나 위기에 내성이 강한 저에게도
평상심을 유지할 수 없었던 시기가 있었어요. 그린팬이
탄생하기 전의 이야기죠.

○ '아, 이제 끝이구나'

_____ 2007년 당시 발뮤다는 다양한 컴퓨터 주변기기와 조명기구를 판매하고 있었어요. 모든 제품의 디자인과 품질에 대해서는 절대적인 자신이 있었지만 그만큼 가격이 타사 제품보다 높았죠.

그런 상태에서 갑자기 세계적인 규모의 금융위기 '리먼 쇼크'가 일어난 겁니다. 일본 역시 불경기의 파도가 들이닥쳤고 순식간에 소비심리가 얼어붙었죠.

그땐 정말 힘든 시기였죠. 모든 기업이 힘들어 보였어요.

_____ 그 시기는 정말 힘들었어요. 발뮤다의 고가제품들은 그 영향을 고스란히 받았고, 주문량이 급격히 떨어졌어요.

잊을 수 없는 2009년 1월, 불경기에 필사적으로 버티고 있던 발뮤다에 도산 위기가 닥쳤죠. 근근이 이어져 오던 수주가 뚝 끊겨버렸거든요.

수주가 얼마나 줄어든 건가요?

_____ 수주를 받는 팩스가 한 달간 한 번도 울리지 않았어요. 팩스가 고장 난 건가 싶어서 혹시나 하고 제가 전화를 걸어보니 고장 난 건 아니더라고요.

정말 심각했네요.

_____ 당시 회사 상태는 저를 포함해서 직원 세 명. 연 매출 4,500만 엔, 결산적자가 1,400만 엔. 은행에서 빌린 돈이 3,000만 엔. 그런 상태에서 주문이 한 달 동안 끊긴 거죠. 은행에서 더는 돈을 빌릴 수가 없었어요. 회사가 앞으로 몇 달이나 버틸까, 도산하겠구나, 싶었죠.
그때는 위기라기보다 '아, 이제 끝이구나'라는 절망적인 기분이었어요.

○ 팔리지 않는 이유는 단순했다

_____ 그렇게 반쯤 도산을 각오하고 회사에서 집으로 돌아가던 길에 사람들로 북적이는 패밀리 레스토랑에서 식사 중인 가족들의 모습을 보는데 울화가 치밀더라고요. 엉뚱한 곳에 분풀이한 거죠. 저는 도산을 앞두고 울기 직전인데 그들은 너무 즐거워 보였으니까요.

그런데 문득 '이런 불경기에도 패밀리 레스토랑은 어째서 성황인가'라는 의문이 들었어요. 불경기여도 일본 내 소비 활동은 이어지고 있다. 그런데 어째서 우리 회사 제품은 팔리지 않는 것일까? 하고요.

그리고 머릿속에 불쑥 그 답이 떠올랐어요.

'우리 회사 제품이 팔리지 않는 것은 비싸서가 아니다. 사람들이 필요성을 느끼지 못하기 때문이다'

정말 심플했어요. 팔리냐 안 팔리냐는 '사람들이 얼마나 필요성을 느끼는가'에 달려 있었던 거죠.

필요성을 느끼지 못했기 때문이라고요?

_____ 발뮤다가 판매하던 컴퓨터 주변기기나 조명기구는

필요로 하는 사람들이 있긴 했지만, 불경기임에도 불구하고 살 정도의 필요성을 느끼지는 못한 거예요. 반면에 패밀리 레스토랑은 가족끼리 단란한 시간을 보내는 의미 있는 장소로써 필요성이 있었던 거고요.

'모두가 필요로 하는 것을 만들면 된다.'

그건 큰 깨달음이었어요. 회사를 설립한 지 6년이 지났을 때였으니 오래 걸렸죠. 도산 직전에서야 깨닫다니.

○ 차세대 선풍기 제작에 착수

그때부터 선풍기 제작에 착수한 건가요?

＿＿＿ 네, 그때 심기일전했어요. 수주는 멈췄고 제품 조립 작업도 없다. 남는 건 시간뿐. 생각할 시간도 충분하다. 그렇다면 새로운 상품을 고안해서 만들면 된다. 할 수 있고 없고는 상관없다. 예전부터 만들어보고 싶었던 차세대 선풍기를 만들자. 그렇게 생각한 거죠.

그래서 탄생한 것이 발뮤다의 기사회생에 큰 몫을 한 제품, 자연 바람을 구현한 선풍기 그린팬입니다. 모두가 필요로 하는 좋은 선풍기를 만든다면 반드시 팔리리라 생각했죠.

결과는 대성공이었네요.

＿＿＿ 도산 위기가 있었기 때문에 지금의 발뮤다가 존재하는 거죠. 실패나 위기는 큰 깨달음을 얻는 절호의 기회입니다. 사람은 실패했을 때 비로소 강해질 수 있다고 생각해요. 실패는 인생의 양식이에요. 그러니까 실패는 멋진 경험이라고 할 수 있죠.

PART 05

결단

결단은 '자유를 행사하는 일',
고등학교 2학년 때 낸 자퇴서

인생은 결단의 연속이다. 자신의 미래는 어떤 결정을 내리느냐에 달렸다. 일도 마찬가지다. 하지만 모든 일이 바로 결단을 내릴 수 있을 만큼 간단하지만은 않다. 굳이 결정하지 않고 운명에 맡긴다는 선택을 할 수도 있겠지만, 비즈니스맨으로서는 '결단을 내릴 수 있는 사람'이 되고 싶다. 사람을 이끄는 위치에 설수록 결단력은 중요해진다. 경영자로서 하루에도 수없이 많은 결단을 내리고 있는 테라오 겐은 '결단'에 대해 어떻게 생각하고 있을까?

테라오 씨는 매사에 속전속결일 것 같은데요. '결단'에 대해 어떻게 생각하세요?

_____ '결단'에는 다양한 측면이 있어요. 하나는 '자유를 행사하는 일'이죠.

물론 반드시 결단을 내릴 필요는 없어요. 결단을 내리지 않고 운명에 맡기는 방법도 있으니까요. 다만 그렇게 되면 '자유'를 행사할 수는 없어요.

저는 결단하는 행위 자체가 '제 미래를 결정하는 일'이라고 생각하기 때문에 절대로 누군가의 조언을 그대로 받아들이지 않아요. 조언을 듣긴 하지만 결단은 스스로 내립니다.

결
단

또 하나의 측면은 결단을 내림으로써 발생하는 '포기하는 일'이에요.

예를 들어, A와 B와 C의 길이 있을 때 A를 선택하면 B와 C의 길은 포기해야 하죠. 이 점이 정말 중요한데, '결정한다'는 것은 '다른 것을 포기한다'라는 말이나 다름없어요. 누구나 '포기한다'라는 행위를 좋아하지 않아요. 인간은 욕심이 많아서 '이것도 갖고 싶고, 저것도 갖고 싶다', '아쉽다'라는 생각이 들어 포기하기 싫어해요. 그렇게 결단을 내릴 수 없게 되는 거죠.

일상생활 속에서도 결단의 기회는 많잖아요. 식사할 때 메뉴를 결정하는 것도 그렇고요.

결정을 어려워하는 사람은 그저 흘러가는 대로 살면 됩니다. 하지만 스스로 결단을 내리지 않으면 자유로운 인생을 살 수 없어요. 저는 그런 삶을 살긴 싫어요.

결단에는 용기가 필요하잖아요. 자신의 결정으로 미래가 바뀐다고 생각하면 자신이 없어지고 불안해지기도 하고요. 테라오 씨는 원래부터 망설임 없이 결단을 내릴 수 있는 사람이었나요?

_____ 물론 저도 망설일 때가 있어요. 인생을 좌우하는

결단을 내려야 하기도 하니까요.

그러고 보니 열일곱 살 때 큰 결심을 했었어요. 고등학교를 중퇴하고 혼자서 스페인, 이탈리아, 모로코 등 지중해 연안국을 1년 동안 여행했지요.

말은 안 통하지 숙소도 미정인 데다가 혈혈단신으로 떠난 무계획 여행이었죠. 처음에는 아무것도 할 수 없는 저 자신에 대해 엄청난 패배감을 맛봤어요.

하지만 그런 배고픈 여행을 통해 '당장 먹고살 돈이 없어도 자기 자신과 발 디딜 땅만 있다면 인간은 살아갈 수 있다'라는 값진 깨달음을 얻었죠. 지금 당장 설 자리를 잃었다고 해도 살아갈 자신이 있어요. 빚을 지고 있다고 해도 살아만 있다면 괜찮다고 생각하거든요. 빚? 그게 뭐 어때서? 라고요.

일이 잘 안 풀려도 '그래도 살아갈 수 있다'라고 생각할 수 있게 된 것은 고등학교 자퇴라는 '열일곱 살의 결단'과 그 후의 '무계획 여행' 덕인 것 같아요.

○ '이건 아니다'라고 직감했다

도대체 무슨 계기로 고등학교를 그만두게 된 건가요?

_____ 고등학교 자퇴를 결심하게 된 이유는 2학년 때 받은 '진로 설문지'에 혐오감을 느꼈기 때문이에요.

그 설문지에는 '장래 어떤 직업을 갖고 싶은가?', '어떤 대학 무슨 학과에 진학하고 싶은가?', '문과, 이과 중 어디를 선택하고 싶은가?'라는 질문이 쓰여 있었어요.

그 설문지를 본 순간 저는 직감적으로 '쓰지 말아야겠다'라고 생각했어요. 특히 '장래 희망직업란'을 보고 결심을 굳혔죠.

ㅇ 자신의 가능성에 대한 모욕이다

어째서죠?

_____ 열일곱 살 청소년에게 '장래 무엇이 되고 싶은가?'라고 묻는 것은 유치원 아이에게 묻는 것과는 그 의미가 전혀 다릅니다. 열일곱 살인 저에게는 돈이나 능력은 없지만, 미래에 대한 '가능성'만은 갖고 있다고 생각했어요. 열일곱 살에 내 장래를 결정한다고? 지금 결정해버리면 내가 가장 중요하게 생각하는 '가능성'에 대한 모욕이 아닐까? 날이 갈수록 그런 생각이 강하게 드는 거예요. 결국 설문지 제출일에 설문지 대신 자퇴서를 냈어요.

결단은 '자유를 행사하는 것'이라고 했잖아요? 저는 열일곱에 결단을 내리고 난 후에 진정한 의미로 자유로워졌어요.

고심 끝에 설문지에 'NO'를 외친 거군요. 게다가 자퇴서까지 냈고요. 아버지는 반대하지 않으셨나요?

_____ 아버지는 이전부터 "아직도 학교에 다니고 있느냐?"라고 묻곤 하셨어요. 해외에 나갈 때도 "겐, 남자라면

황야를 목표로 삼아라"라고 하셨죠.

빨리 자립하라는 뜻이었을까요?

_____ 걱정이 크셨겠지만, '자신의 힘으로 살아가라'는 뜻
이 강하셨을 거예요.

○ 자유로워지기 위해 결단을 내린다

인생뿐만이 아니라 일을 할 때도 결단을 내려야 할 일이 많잖아요.
결단 내리기를 두려워하는 젊은이들에게 해줄 조언은 없나요?

_____ 스스로 결정을 못 하거나 항상 고민하다가 어중간한 결정을 내리고 마는 사람은 무언가를 결정하는 데 있어서 '방침'이 분명하지 못한 경우가 많아요.

예를 들어, 아이들을 공원에 데리고 나갈 때 느긋한 시간을 보낼 것인가 활동적인 시간을 보낼 것인가에 따라 목적지가 달라져요. 이처럼 '무엇을 위해 행동하는가'라는 것이 방침입니다.

만약 공원에 갔는데 공사 중이어서 그 공원을 이용할 수 없게 되었을 때, '느긋하게 시간을 보내기에는 풀밭에 누울 수 있는 역 앞 공원이 좋겠다'는 애초의 방침을 생각하면 대체안이 금세 떠오르겠죠. 즉, 망설이지 않고 결단을 내릴 수 있는 거죠.

○ 무엇을 위해 살아가는가?

인생뿐만이 아니라 일을 할 때도 결단을 내려야 할 일이 많잖아요.
결단 내리기를 두려워하는 젊은이들에게 해줄 조언은 없나요?

_____ 이것은 인생의 결단에 있어서도 일의 결단에 있어서도 같습니다. 스스로 납득할 만한 결정을 내리면서 살아가기 위해서는 '인생에 있어서 중요한 방침'을 정해두는 것이 좋죠. 그 방침은 '무엇을 위해 살아가는가. 무엇을 해내야만 하는가'를 생각하면 저절로 떠오를 겁니다. 참고로 제 인생의 방침은 '완전히 불태우는 것'이에요.

만화 《내일의 죠》의 마지막 장면 '하얗게 불태웠어…'가 떠오르네요.

_____ 내일의 죠요(하하)? 완전히 타버리는 것으로 치면 '모닥불'이 정말 대단하지 않아요?

처음에는 기세 좋게 불꽃을 뿜으며 타오르다가 그게 숯이 되고 마지막에는 재가 되죠. 에너지가 되는 모든 것을 끄집어내고는 재가 되는 거예요.

그런 모습에서 저는 아름다움을 느낍니다. 그래서 어떤 일을 성공시킬 수 있을지 없을지와 관계없이 어쨌든 '완전히 불태우기'로 마음먹었어요. 그러기 위해 살아가고 있다고 말할 수 있죠.

저는 어떤 분야의 일이라도 할 수 있어요. 완전히 불태울 수만 있다면 무엇이든 상관없으니까요.

완전히 불태우고 싶을 만한 일을 발견하는 비법이 있나요?

_____ 완전히 불태우기 위해서는 즐거운 일을 해야 합니다. 즐겁지 않으면 열심히 못 하니까요. '즐겁다'라고 느낄 수 있는 것은 '좋아하는 일'을 할 때잖아요. 그러니까 '현재 좋아하는 일을 하고 있는지'가 중요한 겁니다.

ㅇ 임시라도 좋으니 '인생 방침'을 갖는다

눈앞의 일에 쫓기고 있으면 그런 관점을 잊게 되잖아요. 좋아하는 일이 아니어도 '회사원이니 어쩔 수 없다'거나 '돈을 벌 수 있다면 해야 한다'고 자기도 모르게 타협하기 십상이죠.

_____ 그런 타협은 좋지 않아요. '하고 싶은 일을 계속해서 선택해 나가는 것'이 중요해요. 그렇게 된다면 인생은 분명 만족스러워질 겁니다.

앞서 '완전히 불태운다'라는 제 인생 방침을 이야기했는데, 이런 방침은 임시일지라도 우선은 가지고 있는 게 좋아요.

제 방침은 매우 분명합니다. 하지만 이건 수많은 경험 끝에 발견한 거예요. '자신의 인생 방침'을 정하는 것은 매우 어려운 작업일 수 있죠.

명확하지 않아도, 임시로 정해둔 방침이라도 우선은 그걸로 움직여보는 겁니다. 그러다가 '이건 아닌 거 같은데' 싶으면 조금씩 변경해가면 되죠.

행동으로 옮기면서 방침을 수정해나가는 거군요.

_____ 인생 방침을 가지고 결단을 내리면 잘 풀리지 않아도 자신의 행동에 후회는 없게 돼요. 누군가에게 자신의 행동을 비난받더라도 신경 쓰지 않게 되죠. 그럴 수 있는 것은 자신이 결정하고 개척한 길을 제대로 걷고 있기 때문입니다.

PART 06

어른

잃을 것이 많은
'어른'이 되고 싶지 않다

'어른이 된다'라는 말에는 어떤 의미가 담겨 있을까? 비즈니스맨 중에 '훌륭한 사람이 되는 것'이라고 답할 사람은 아마 없을 것이다. 업무상 상사에게 '어른이 되라'는 말을 들었다면 '네 마음은 알겠지만, 그냥 속으로 삼키고 포기하라'는 말이나 다름없다. 우리는 그런 어른이 되어가고 있지는 않은가? 어른이 되면 무엇을 잃게 되는가? 트위터에서 '어른이 되고 싶지 않다'고 털어놓은 테라오 겐에게 그 이유를 물었다.

○ ○ ○

○ ○ ○

○ ○ ○

트위터에 "나이를 먹는 게 싫은 게 아니다. 나는 어른이 되고 싶지 않은 것이다"라고 쓰셨던데, 그렇게 말한 이유가 뭔가요?

_____ 아, 그거요. 보셨군요. 사실은 오랜만에 멋진 노래를 듣고 저도 모르게 쓴 거였어요. 아실지 모르겠지만, 싱어송라이터 바바 토시히데의 〈인생이라는 이름의 열차〉라는 곡입니다.

어떤 노래인가요?

_____ 들어볼래요? 이겁니다(스마트폰으로 음악을 튼다). 어때요? 정말 좋죠? 제가 다니는 복싱 도장에서 이 노래를 처음 들었는데, 듣는 순간 반했어요.

전
달

이 노래는 1967년에 태어난 주인공이 친구들과 함께 어른이 되어가는 이야기를 9분 30초에 걸쳐 담아내고 있죠. 결혼해서 아이를 낳고 가정을 꾸린 주인공은 마흔을 앞두고 달콤하지만은 않았던 지난 세월을 돌아보며 부조리한 세상 속에서도 '믿음을 절대 포기하지 않겠다', '역풍에 맞서겠다'고 맹세합니다.

멋지네요.

_____ 가사에 〈8시다! 전원 집합〉이나 〈나를 스키장에 데려가 줘〉(〈8시다! 전원 집합〉은 1969년부터 1985년까지 일본 TBS에서 매주 토요일 저녁 8시에 방송된 국민적인 버라이어티 프로그램이고 〈나를 스키장에 데려가 줘〉는 1987년 개봉한 영화로 1980년대 스키붐을 타고 엄청난 인기를 모았다)처럼 그 시대를 떠올리게 하는 부분이 많아서 같은 시대를 살았던 40~50대 중반인 사람들은 특히 공감하는 부분이 많을 거예요.

○ '어른'이 되어 잃어버리는 것

저도 테라오 씨와 나이가 같아서 공감이 많이 가네요.

_____ 그렇군요. 이 노래를 듣고 저도 모르게 트위터에 '어른이 되고 싶지 않다'라고 썼죠. 노래에 나오는 '믿음'이나 '무언가에 맞서는 것'은 어른이 되면서 차츰 잃어버리고 있는 것이 아닐까, 하는 생각이 들었거든요.

이런 것들을 잃어버리면 제가 앞서 말했던 '가능성을 사용하여 어떤 일이든 도전하는 삶'을 살 수 없게 돼요. 전 도전이 없는 삶은 절대로 살고 싶지 않아요.

이 노래를 듣고 다시 한 번 확신하게 되었죠.

그렇지만 슬프게도 나이는 먹게 되잖아요.

_____ 저는 지금 마흔 다섯이에요. 앞으로 5년 후에 50대가 되는데, 50대가 되는 게 싫어요. 돌아보면 30대가 될 때도 40대가 될 때도 같은 기분이었어요.

10대로서의 마지막 날 정말 기분이 별로였던 걸 지금도 또렷하게 기억하고 있어요. 도쿄 무사시사카이역 앞에 있는 버스터미널에서 기타를 메고 버스에서 내리던 저는

'내일부터 20대인가…'라는 생각에 엄청난 상실감에 젖었었죠.

당시 저는 10대란 특별한 권리를 가지고 있다고 생각했어요. 20대가 되도 특별히 변하는 건 없는데도 무언가를 잃는 기분이 들었죠. 그게 그렇게 서글프더라고요. 남은 시간이 줄어들고 있다는 느낌이라고 해야 할까요.

○ '단락을 짓는 것'이 싫었다

왜 그런 생각이 들었나요?

_____ 음…. 30대도 40대도 그리고 앞으로 맞이할 50대도 마찬가지지만, 저는 예전부터 이렇게 단락을 짓는 것이 싫었어요. 이것도 다 '어른'이 되기 싫어서일지도 모르죠.

어른이 되어 잃어버리는 것은 무엇인가요?

_____ 보통 나이를 먹으면 어린 시절의 '엉뚱한 모험' 같은 건 할 수 없게 되죠.

청춘 영화에서처럼 한밤중에 친구들과 학교 수영장에 몰래 들어가 벌거벗은 채로 수영을 한다든가 하는 것들 말이에요. 어른처럼 '그건 불법 침입이다'라고 생각한다면 그런 엉뚱한 행동은 못하죠.

어린 시절의 그런 행동에는 무엇에도 얽매이지 않은 '자유'가 느껴지잖아요. 어른들은 그걸 그저 부러워하고요. 스릴을 두려워하지 않는 점도 그렇고.

아무래도 나이를 먹고 지식과 경험이 쌓이면 '이건 불가능해', '저건 하면 안 돼'라면서 분별 있게 행동하게 되고 점점 자신의 행동을 규제하게 돼요. 그럼 자기도 모르는 사이에 자신에게 제동을 걸게 되죠. 아이와 어른의 차이는 거기에 있어요. '어른이 된다'라는 말에는 그런 식의 제동을 거는 리스크가 내포되어 있는 거죠.

° '지금보다 더 잘할 수는 없을까'라고 자문한다

아이들은 스스로 제동을 걸지 않으니까 보고 있으면 위태로워 보이는 한편, 사고방식이나 발상, 행동에 생기가 느껴지죠. 어른이 되면 축적된 지식이나 경험이 걸림돌이 되어 누군가에게 제어당하기 전에 스스로 제동을 걸어버리는 거겠죠.

_____ 맞아요. 스스로 제동을 가하는 게 싫어서 저는 항상 '지금보다 더 잘할 수는 없을까'라는 질문을 저 자신에게 던집니다.

이 질문에는 '할 수 없다'라고 답할 수 없어요. 왜냐하면 '할 수 있을지도 모르기' 때문이죠.

◌ 획기적인 아이디어는 언제든 떠올릴 수 있다

_____ 예를 들어볼게요. 출시한 지 4년이 지난 지금도 판매량이 꾸준히 늘고 있는 발뮤다 더 토스터는 '토스터'라는 기존의 제품에 '최고로 맛있는 빵을 구울 수 있다'라는 개념을 접목하여 지금껏 없었던 '새로움'과 '감동'을 제공했습니다.

결과적으로 많은 사람의 호응을 얻어 히트상품이 되었는데, 생각해보면 '토스터' × '최고로 맛있는 빵을 구울 수 있다'라는 조합은 누구나 생각할 수 있을 법하잖아요?

기술적인 문제를 해결해야 할 필요는 있겠지만, 저희가 생각해내기 5년 전이었어도 상품화는 가능했을 거예요. 즉, 훨씬 이전에 떠올렸어도 좋았을 거란 말이죠.

무슨 이야기를 하고 싶은가 하면, '미래의 히트상품이 되는 훌륭한 아이디어를, 지금 이 순간 갑자기 떠올릴 수도 있다'는 말이에요.

○ 하려고 하는 사람만이 할 수 있다

스스로 제동을 건 시점에서 미래 히트상품의 싹을 짓밟아버리고 말지도 모른다는 거네요.

_____ '여기서 더 할 수 있는 건 없을까' 하고 신중하게 생각해야 합니다. 조금만 깊이 생각하면 히트상품의 아이디어가 떠오를지도 몰라요.

이렇게 이야기해도 스스로 제동을 걸고 마는 사람은 '이게 한계다. 할 수 없는 건 할 수 없다' 하고 포기해버리죠. 하지만 끈기를 가졌으면 좋겠어요.

원하는 타이밍에 멋진 아이디어를 척척 떠올려내는 건 현실적으로 매우 어려운 이야기지만, '하려는 의지가 있는 사람만이 할 수 있다'는 점을 잊지 말아야 합니다.

그런 의미에서 저는 어린 시절에 갖고 있었던 모험심이나 행동력을 잃고 싶지 않아요. 그 시절을 돌아보며 지금 제 삶의 방식을 점검하곤 합니다.

〈인생이라는 이름의 열차〉라는 곡이 저에게 그런 기회를 마련해 준 거였어요. 그런 계기는 정말 귀중하죠.

날마다
고객과의 커뮤니케이션을 모색한다

어떻게 입사하게 되었나요?

진젠지 대학 졸업 후 광고대행사에서 9년간 일했고, 하고 싶은 일은 어느 정도 해봤다고 느끼던 시기였어요. 발뮤다 마케팅부에서 일하던 지인으로부터 홍보담당을 채용한다는 소식을 전해 들었죠.

발뮤다에 좋은 이미지를 갖고 있었고, 이 회사를 홍보하는 일이라면 보람을 느낄 수 있을 것 같았어요. 저 자신을 변화시키고 새로운 일에 도전할 좋은 기회가 될 것 같아서 지원했습니다.

테라오 씨와의 면접은 어땠나요?

진젠지 저는 이력서의 지망 동기 칸에 '진심은 전해진다'라는 내용의 테라오 씨 인터뷰 기사를 읽고 지원하게 되었다고 썼었죠.

"어째서 소규모 제조업체가 이토록 새로운 선풍기와 토스터를 만들 수 있었다고 생각합니까?"라는 질문에 테라오 씨는 "무엇보다도 직원 모두의 의지가 강했기 때문"이라며, 말만으로 끝낼 게 아니라 진심으로 만들고 싶다고 생각하면 못 만들 것이 없다고 답했죠. 그런 열정적인 기사를 읽고 저도 이 회사의 진심을 전하는 일을 함께하고 싶다고 생각해서 지원하게 됐다고 이야기했어요.

그러자 테라오 씨는 "무슨 인터뷰였는지 기억이 나진 않지만 진심은 정말 전해져요. 지금도 당신이 진심으로 입사를 원하고 있는지 어떤지 알 수 있으니까요"라고 하셨어요. 제 진심이 정말 전해졌는지는 모르겠지만 "홍보는 회사 브랜드에 관한 일이니까 조금이라도 방심해서는 안 됩니다"라고 하신 걸 보면 진심이 전해진 거겠죠. 그렇게 입사하게 되었고 2017년 7월부터 일했어요.

입사한 지 2년이 지났는데, 어떤가요?

진젠지 매일같이 신선한 자극을 받아 즐겁게 일하고 있어요. 매주 한 번 테라오 씨도 참가하는 커뮤니케이션 회의가 있는

데 '고객과 어떤 커뮤니케이션을 해나가야 하는가'에 대해 2시간 정도 토론하죠. 저는 그 회의를 정말 중요하게 생각합니다.

예를 들어, 토스터 사용률을 높이기 위해 '빵을 굽는 것뿐만 아니라 간단하게 오븐 조리를 할 수 있는 클래식 모드도 추천합니다'라는 정보를 고객에게 전달하려면 어떻게 해야 할지 논의하는 거예요. 레시피를 제공할 것인가, 인플루언서에게 홍보를 부탁할 것인가 하는 것들이요. 제안한 아이디어에 대해서는 '화제가 될 것 같지만 브랜드 측면에서 생각하면 좋지 않다', '우리는 충성고객이 중심이므로 제품을 사용하고 있는 고객들을 배신할 만한 행동을 하면 안 된다' 등 진지하게 이야기를 나눕니다. 마지막으로 '발뮤다로서 그리고 브랜드로서 OK인가 NG인가'를 판단하죠.

그 회의에서 테라오 씨는 발뮤다가 '인지도'와 '호감도'의 조합으로 성립한다는 점을 강조합니다. '인지도'를 높이려면 광고 등에 돈을 들이면 돼요. 하지만 '호감도'는 돈을 쓴다고 올라가지 않죠. 그러니까 '호감도'를 높이기 위해서라도 고객과 제대로 커뮤니케이션을 해야 한다는 겁니다. 인터넷 사이트나 카탈로그의 디자인, 행사장이나 서비스센터에서의 고객 응대 같은 부분을 철저히 하자는 거죠.
"발뮤다는 고급지고 멋진 브랜드가 아니라 고객에게 근사한 시간을 제공하는 브랜드라는 점을 알려야 합니다." 테라오 씨가 저희에게 자주 하는 말이죠.

홍보 일을 하면서 어려운 점은 없나요?

<u>진젠지</u> 모든 안건에 대해 미디어 노출에 꽤 신경을 쓰고 있어요. "벤처기업, 가전업계의 총아에 묻는다" 같은 타이틀의 취재를 받으면, 테라오 씨 발언이 "웬만해선 나를 막을 수 없다"라는 식의 거친 느낌으로 각색되어 실리는 경우가 종종 있어요. 편집의 힘으로 거친 느낌을 강조시키는 거죠. 인물의 개성이 살아나야 재미있는 기사가 되니까 그렇게 하는 거겠지만, 저희가 소중하게 여기는 발뮤다의 이미지가 한순간에 떨어져 버리는 데다가 제품이 좋아서 구매했던 사용자들에게도 씁쓸한 인상을 주는 건 아닌지 걱정이 되죠.
솔직하면서도 강인하고 온화한 테라오 씨의 성품을 전혀 이해하지 못한 채 일방적으로 캐릭터를 만들어버리는 건 정말

우리가 원하는 바가 아니에요. 그래서 취재 요청이 들어오면 지금 회사의 상황이나 발뮤다가 어떤 브랜드인지 미디어 측과 제가 우선 이야기를 나눕니다. 가끔 토스터나 선풍기 등을 편집부에 가지고 와서 발뮤다가 전하고 싶은 체험을 직접 경험해보도록 할 때도 있어요.

그런 뒤에 취재를 받으면 기자분이 브랜드와 제품을 충분히 이해하고 기사를 작성하기 때문에 취재 내용도 깊이가 있어지고 서로 기분 좋게 이야기할 수 있는 공간이 만들어져서 결과적으로 좋은 기사가 나오는 일이 많더라고요. 취재에 있어 '양'이 아니라 '질'의 확보에 신경을 쓰고 있습니다.

취재에는 매번 함께하시는군요. 테라오 씨는 어떻게 대응하고 있나요?

진젠지 취재에 응하고 있는 테라오 씨를 보면 자신이 하고 싶은 말을 하는 것이 아니라 상대가 듣고 싶어 하는 것을 진지하게 생각해서 대답한다는 생각이 들어요. 취재뿐만이 아니라 강연에서도 그래요. "당신이 듣고 싶은 이야기는 이런 건가요?", "그게 듣고 싶은 이유는 당신이 지금 ○○으로 고민하고 있기 때문인가요?"라고 질문을 정리한 뒤에 대답하거든요. 상대의 시간을 낭비하지 않도록 답을 하려고 하는 거죠. 정말 정중하고 진지한 대응이라고 생각해요.

한 번 내뱉었던 말도 "그거, 제가 작년에 말했던 거죠? 지금은 생각이 바뀌었어요"라고 정직하게 대답하는 모습을 종종 봅니다. 회의에서의 테라오 씨 화법은 인간미가 넘쳐흐르죠. 배울 점이 참 많아요.

입사해서 처음 참여했던 발뮤다 더 레인지BALMUDA The Range의 발표회 때 테라오 씨의 프레젠테이션이 정말 인상적이었어요. 전자레인지의 조작 그 자체는 매우 간단하지만, 소리에 신경을 많이 썼죠. 다이얼을 조작할 때나 전자레인지가 작동하고 있을 때 어쿠스틱 기타나 드럼 소리가 나거든요.

'윙'하고 작동하고 '땡!' 하고 멈추는 일반적인 전자레인지와는 달리 가열을 시작하면 '치! 치! 치!' 하고 기분 좋은 드럼 소리가 나고 '디리링' 하면서 기타 소리로 작동이 멈추는 전자레인지잖아요. 재치 넘치는 재밌는 기능이에요.

진젠지 그 기능을 설명할 때 테라오 씨는 자신의 가족이 이

전자레인지를 사용하면서 웃음꽃이 피었다는 에피소드를 들려줬어요. 정신없이 바쁜 아침 시간에 전자레인지에서 나는 소리 하나로 화기애애한 분위기가 되었다고요.

그 프레젠테이션은 저도 그렇지만 모든 청중에게 따스한 아침 풍경을 떠올리게 했어요. 저희가 제공하는 것은 단순히 전자레인지의 기능이 아니라 '행복한 시간'이라는 점을 정확히 전달한 거죠.

PART 07

코어

변화에 적응하기 위해
나만의 '코어'를 찾는다

'인사 이동으로 새로운 업무를 맡아 팀에 도움이 되지 못하고 있다', '맡고 있던 업무가 대부분 외주업체로 넘어가면서 회사 내에서의 입지가 좁아지고 있다' 등의 상황에서 수동적인 자세로 대처해봐야 아무것도 변하지 않는다. 스스로 자신을 변화시켜야 한다. 뛰어난 경영자는 '변화'에 유연하게 대처한다. 만약 '이대로는 안 된다. 바뀌지 않으면 안 된다'라는 생각이 든다면 어떻게 행동해야 할까? 여기에 그 힌트가 있다.

○ ○ ○

○ ○ ○

○ ○ ○

'사람은 쉽게 변하지 않는다'고 말하지만, '이대로는 안 되겠다'며 자신을 변화시키려고 노력하는 사람도 많잖아요. 시대나 처한 상황에 맞춰 회사도 사람도 변화해갈 필요가 있다고 생각하는데, 그러려면 어떤 것에 주의해야 할까요?

_____ '변화'에 대해 생각하면 '끝까지 살아남는 종은 강한 종도 똑똑한 종도 아니다. 끊임없이 변화하는 종이다'라는 다윈의 말이 떠오릅니다.

비즈니스 세계에서도 강하고 똑똑한 사람이 계속해서 승리하는 것은 아닙니다. 물론 강인함과 똑똑함이 있다고 손해될 건 없죠. 오히려 갖추어야 할 요소이긴 하지만, 세상은 항상 변화하고 있어요. 현명함이나 강인함에는 한계

코
어

가 있습니다. 그러니까 '변화'에 집중해야 합니다.

특정 능력이나 기술로 우위에 섰다가도 시대가 변하면서 그것이 불필요해지기도 하죠. 'AI 시대에 사라질 직업'이 화제가 되기도 했고요. 저 역시 세상의 움직임이나 업무의 변화에 맞춰 적응하지 않으면 살아남지 못할 것 같다고 느낄 때가 있어요.

_____ 결국 어떤 사람이든 조직이든 세계, 혹은 사회라는 '커다란 존재' 속에서 살아가는 한 변화하지 않으면 살아남을 수 없어요. 변화해야 할 때 변화할 수 있는가? 그것이 중요합니다.

ㅇ '변화해야 할 때'를 판단하는 건 어렵다

다만 변화해야 할 때를 판단하기가 쉽지 않아요.

_____ 세상의 흐름이나 규칙이 변하면 지금껏 해온 노력이 물거품이 되기도 하니까요. 그렇게 되지 않으려면 '변화의 조짐'을 파악하고 하루라도 빨리 임기응변으로 대처해야 합니다. 하지만 상황이 천천히 변하고 있을 때는 감지하기가 어렵다 보니 적절한 시기에 대응하지 못할 수도 있어요.

반면 '끊임없이 변화해야 한다'라고 조바심을 내다보면 변하지 않아도 되는 상황에 변화를 시도하다가 실패하기도 하죠. '변화해야 할 때'를 판단하는 기준이 하나 있어요.

그게 뭐죠?

_____ 그것은 '실패'했을 때예요. 똑같은 실패를 반복하지 않기 위해서는 무언가 변화를 줄 필요가 있는데, 실패했을 때 본질적인 원인을 찾아내고 검토해서 '여기서 큰 변화를 줄 것인지'를 판단해야 합니다.

코
어

역설적으로 생각하면 '변화를 위해서는 실패가 필요하다'라는 말이 되죠. 지나치게 안전을 추구하며 살아가다 보면 변화의 기회를 놓치고 시대의 흐름에서 뒤처지고 말아요.

○ 자신을 바꾸지 못하는 이유

그렇군요. 실패한 직후가 자신을 바꿀 최고의 기회네요.

_____ 다만 '변화할 적기'를 안다고 해도 삶의 방식이나 일하는 스타일을 바꾸는 것은 어려운 일이에요. 지금껏 부모나 선생님, 지인으로부터 무언가 지적을 받고 '변해야 한다'라는 이야기를 들은 적 없나요?

네, 있어요….

_____ 그렇죠. 하지만 변했나요?

아뇨, 그다지….

_____ 대부분이 '변하려고 노력하지 않았다' 혹은 '변하려고 이것저것 시도해봤지만 실패했다'라고 말합니다. 자신을 변화시키는 어려움은 누구보다도 자기 자신이 가장 잘 알 겁니다.

그럼 어떻게 해야 할까요?

자신을 변화시키기 위해서는 우선 자신의 '코어'를 알아야 합니다.

코
어

○ 자신의 '코어'를 찾는다

_____ '코어'란 자기 자신 안에서 핵심이 되는 것으로, '심'이나 '축'이라고도 말할 수 있어요. '누구와도 타협할 수 없는 중요한 것'이죠. 어른이 되면 누구나 코어를 갖지만, 자신의 코어가 어떤 것인지 눈치 채지 못하고 있는 사람도 적지 않아요.

타협할 수 없는 것이라면, 신념 같은 것도 그렇겠네요.

_____ 네, 자신의 코어를 모르고 있는 사람은 스스로 변화하려고 해도 잘 안 돼요. 그런 사람은 꿈이나 목표에 일관성이 없고 타인으로부터 신뢰받지 못하죠. 같은 실패를 몇 번이고 되풀이하거나 항상 불평하며 사는 경향이 있어요. 그러니까 갑자기 변하려고 해도 할 수 없는 거죠.

그러고 보니 '중심축'이 없는 사람은 행동에 일관성이 없는 것 같아요. 그런데 "자신의 코어를 알고 있는가?"라고 물으면 저도 그렇지만 한마디로 표현하지 못하는 사람이 더 많을 것 같은데요. '타협할 수 없는 것'을 파고들다 보면 '자신의 코어'를 알게 될까요?

○ 코어를 찾으려면 '정말 싫어하는 것'부터 생각한다

_____ 앞서 코어는 '타협할 수 없는 중요한 것'이라고 말했는데, 자신의 코어가 무엇인지 알려면 '그것만은 싫다. 받아들이지 않겠다' 하는 것부터 생각해보면 좋아요. '주변에서 뭐라고 하든 절대로 싫다' 싶은 것을 들여다보면 코어의 윤곽이 보이기 시작할 겁니다.

저는 '따분한 시간을 보내는 것', '타인을 따라 하는 것'을 싫어합니다. 거기에서부터 곰곰이 생각하다 보니 제 코어 속에 '창조적인 일을 하고 싶다'는 마음이 있다는 걸 깨달았죠.

○ 28세에 발을 들인 미지의 '제조업' 세계

_____ 저는 스물여덟에 10년 가까이 이어온 음악 활동을 접고 '제조업'이라는 미지의 세계에 뛰어들었어요. 물건을 만들어본 적도 없고 만드는 방법도 모르는 '생초짜'였는데 말이죠.

주변 사람들의 눈에는 그저 무모한 도전으로 비쳤을 거예요. 하지만 저에게는 '창조적인 물건이라면 승산이 있다'라는 자신감이 있었어요.

아마도 제 코어에 '창조적인 일을 하고 싶다'라는 마음이 강했기 때문일 거예요. '스물여덟이라는 늦은 나이에 큰 결심을 했네요'라는 말을 종종 듣는데, 저는 상황에 맞춰 진로를 변경했을 뿐이었죠.

어쩌면 그 당시 다른 계기로 제조업이 아니라 시인이나 작가가 되려고 했을지도 몰라요. 그렇다고 해도 제 코어가 아닌 다른 모습으로 변하지는 않았을 거예요.

○ 코어만 흔들리지 않으면 된다

자신의 코어를 정확히 파악하고 그 코어만 흔들림 없이 유지하면 자신을 스스로 변화시킬 수 있을 것 같아요.

_____ 자신의 코어는 무엇일지 생각해보세요.

요즘 사람들은 자신에 대해 생각할 시간이 너무 적은 것 같아요. 무언가를 변화시키고 싶다면 느긋하게 시간을 갖고 자신과의 대화를 통해 깊이 생각해보는 게 좋아요. 타인의 것은 잘 보여도 자신의 것은 잘 보이지 않기 마련이죠. 거울을 들여다보듯 자신의 내면을 바라볼 필요가 있어요.

PART 08

근성

'근성'은
인간으로서 중요한 요소

○ ○ ○ ○ ○

○ ○ ○ ○ ○

○ ○ ○ ○ ○

○ ○ ○ ○ ○

○ ○ ○ ○ ○

일하는 방식을 개혁하려는 움직임이 활발해지면서 기업은 더욱 높은 생산성과 효율성을 추구하게 되었다. 초과근무가 줄면 근로자의 건강도 유지할 수 있다. 일하는 방식의 개혁이 제대로 진행된다면 더욱 일하기 편한 직장이 될 것이다. 그런 가운데 최근 부쩍 부정적인 이미지로 쓰이는 단어가 있다. 바로 '근성'이다. '근성을 강조하는 시대는 끝났다'라는 이야기를 종종 듣는데, 지금 시대에 '근성'은 어울리지 않는 말일까? 경영자의 관점에서 답하기 어려운 부분이 있을 수도 있지만, 테라오 겐에게 '근성'에 대해 물어보았다.

○ ○ ○

○ ○ ○

○ ○ ○

'코어'에 대해 이야기를 나눴는데, 개인적으로 코어를 기르는 것과
더불어 '헝그리 정신'이 필요하다고 생각해요. 달리 말하자면 '근성'
이라고 할 수 있죠. 하지만 요즘 세상에는 '근성'이라는 말이 미움을
받고 있죠. 인생에 있어서든, 일에 있어서든 근성이 필요하다고 생
각하는데 말이죠.

_____ 그렇죠. 악덕 기업이나 과중한 노동 같은 문제만
봐도, 요즘 세상은 '근성 이론'을 부정하는 풍조가 있어
요.
근성 이론이라고 하면 '일단 해라', '죽을힘을 다해라'처
럼 '무리하게 강요하는 이미지'가 있는데, 그런 식으로
'근성'을 근거 없이 경시하는 태도는 좀 이상해요.

○ 근성은 '자기 내면의 이야기'

_____ 본래 근성이라는 것은 '자기 자신을 얼마나 몰아붙이는가, 얼마나 더 노력할 수 있는가'라는 '자기 내면'에서 일어나는 이야기지 누군가에게 강요당하는 것이 아니에요. 강요당한다는 이미지 때문에 착각하기 쉽지만, 근성은 인간이 가지고 있는 중요한 요소입니다.

'근성이 있는 사람과 없는 사람 중에 어느 쪽이 되고 싶나요?'라고 물었을 때 분명히 전자를 선택하는 사람이 많을 거예요.

근성이라는 말을 싫어하는 사람이라도 한쪽을 선택하라고 하면 근성이 있는 사람을 선택할 것 같긴 해요.

_____ 조금 다른 이야기지만, 저는 항상 직원들에게 "프로페셔널이 되라"는 말을 합니다.

프로페셔널은 자신이 한 일에 대해 보수를 받는 사람이지만, 회사원의 경우 '회사에 가서 앉아 있기만 하면 돈을 받는다'라고 생각하기 십상이라 '프로페셔널'이라는 의식을 갖기 어렵죠. 어찌 보면 어쩔 수 없는 일이긴 해요.

프로야구 선수는 구단에 소속되어 있어도 경기에서 좋은 결과를 내지 못하면 다음 해에 재계약이 어려워집니다. 그러니까 프로페셔널로서 결과를 만들어내려고 노력하죠.

회사원과 프로야구 선수는 계약 형태가 달라서 단순 비교는 할 수 없지만, 회사원이라도 프로페셔널 의식이 중요하다는 것쯤은 모두가 알고 있는 사실입니다.

프로페셔널 정신은 개인사업자를 생각해보면 이해하기 쉬워요. 라면 가게에 손님이 없다면 전부 사장인 자신 탓이죠. 매장 주변 환경이 좋지 않든 납품받은 면 상태가 좋지 않든 모두 자기 자신이 결정한 일이니까요.

○ 근성이 없으면 '톱 프로페셔널'이 될 수 없다

_____ 프로페셔널 가운데서도 큰 활약을 하는 '톱 프로페셔널'도 있죠. 톱 프로페셔널과 프로페셔널의 차이는 '근성'과 관련 있다고 생각해요.

톱 프로페셔널 운동선수가 되는 조건에는 체격이나 센스, 영리함, 기술 등 다양한 요소가 있지만, 그런 요소가 아무리 높은 레벨이라고 해도 '근성'이 없으면 정상에 서지 못합니다.

얼마나 자신을 몰아붙여서 높은 곳을 목표로 삼을 것인가? 어떤 역경과 고난에도 포기하지 않고 앞으로 나아갈 것인가? 운동선수뿐만 아니라 예술가나 경영가, 회사원으로서 정상에서 활약하는 프로페셔널은 그 점이 다른 사람들과 확실히 다릅니다.

○ 최선을 다해 일해본 적이 있는가?

'일하는 방식'도 그렇고 세상의 흐름은 생산성을 높여라, 효율적으로 일하라, 초과근무는 하지 말라는 식이 되어 갑니다. '근성'이나 '기합' 같은 말을 들을 기회도 점점 줄고 있어요.

_____ '일하는 방식의 개혁'을 추구하는 대부분의 회사는 '더욱 효율적으로 빠르게 일하라, 초과근무는 하지 말고 일찍 귀가하라'고 말합니다. 틀린 말은 아니지만 때로는 '잠잘 시간을 아껴가며 열중해서 하는 일'도 필요하잖아요.
자신을 몰아붙여 죽을힘을 다해서 해낸 일만큼 보람차고 재밌는 일은 없어요. 끝까지 완수하고 나면 그렇게 상쾌할 수가 없죠.

자신의 한계 너머에 비로소 보이는 것들이 있겠네요.

_____ 평소와 다른 것들이 보이죠. 피로조차 느껴지지 않는 상태라고 해야 하나. 매우 흥분해 있으면서도 극도로 냉정한 상태라고 할 수 있죠.
한 번이라도 최선을 다해 일해본 사람은 그 당시에 좋은

근
성

결과를 얻지 못했을지라도 더 좋은 결과를 얻기 위해 다시 도전에 나설 수 있어요. 그것도 좋잖아요. 다시 말하지만, 이건 빗나간 근성 이론을 강요당해 '억지로 시켜서 한 일'과는 달라요. 자신의 의지로 자신의 한계에 도전한 일이죠. '최선을 다해 한 일'인 거죠.

최선을 다하면 스스로에게 부담이 되니 그런 일을 꺼리는 사람도 있다더군요. 힘들다 괴롭다 귀찮다고 하면서 말이죠.

_____ 그건 편한 상태에 익숙해져 버렸거나 노력해서 성공한 경험이 별로 없기 때문이에요. 하지만 그런 사람이라도 막상 닥치면 필사적으로 노력하고 최선을 다해 근성을 보이게 되어 있죠.

○ 근성과 노력은 '습관'

_____ 제가 요즘 복싱 도장에 다니고 있는데, 젊은 프로 복싱 선수가 이렇게 말하더군요. "프로복싱 선수는 선수 수명이 짧아서 솔직히 말하면 은퇴 후의 삶이 불안합니다. 하지만 우리 같은 선수들의 유일한 강점은 최선을 다하는 것이 어떤 것인지 알고 있다는 거죠. 그래서 복싱을 그만두고 다른 일을 하더라도 최선을 다할 거라고 생각해요."

근성과 노력을 싫어하는 사람은 편안한 상태에 익숙해져 있을 뿐이에요. 한번 최선을 다해 일해보고 그런 자신을 경험한 뒤에 습관화시키면 됩니다.

그 외에도 자신이든 타인이든 물건이든 이 세상이든 '내 손으로 무언가를 더 나은 상태로 만들자'라는 마음가짐이 중요합니다.

특히 '더 나은 상태'라는 부분이 중요한데, 이것을 의식하고 있으면 '조금만 더', '한 걸음 더'라는 마음으로 일하게 되죠. 그게 '노력'으로 이어지는 거고요.

물론 자기 자신을 몰아붙이게 되겠지만, 견뎌낼 수 있어요. 누군가의 강요가 아니라 스스로 노력하고 있기 때문이죠.

어쩌면 그 기분이 바로 근성의 '실체'일지도 모릅니다.

○ 항상 '더 나은 상태'를 고민한다

근성의 실체는 '더 나은 상태, 조금만 더, 한 걸음 더'인 거군요.

_____ 우리는 '무언가를 더 나은 상태로 만들려는 노력'이
강한 편이죠.

영세한 공장의 장인을 예로 들자면, 항상 의뢰받은 품질
보다 더 좋은 물건을 만들어내려고 노력합니다. 의뢰받은
정도 이상의 것을 만들어 전달하는 거죠.

서비스업도 마찬가지예요. 매뉴얼에는 없지만, 상대를 배
려하는 접객을 합니다.

이처럼 '더 나은 상태'라는 의식이 없으면 노력할 필요성
을 느끼지 못해요. 근성을 갖으려고도 하지 않죠.

그러니까 만약 '나는 근성이 없다'라고 생각한다면 '조금
만 더'라는 마음가짐으로 임해보길 바랍니다. 톱 프로페
셔널도 '원점'은 거기에 있고, 그런 마음가짐으로 일해왔
기에 '지금'이 있는 걸 테니까요.

근
성

PART 09

비교

유행이나 경쟁회사를 의식하기보다는
'보편적인 기쁨'을 추구한다

○ ○ ○ ○ ○

○ ○ ○ ○ ○

○ ○ ○ ○ ○

○ ○ ○ ○ ○

○ ○ ○ ○ ○

비즈니스에서는 세상의 '유행'이나 '경쟁회사'의 존재가 신경 쓰이게 마련이다. 유행에 편승하면 매출을 크게 늘릴 수 있고, 경쟁에서 승리하면 수익을 낼 수 있다. 그렇다면 발뮤다는 어떨까? 테라오 겐은 '유행', '경쟁회사'를 어떻게 바라보고 있을까? '내 길을 간다'라는 인생철학을 가진 테라오 겐이라면 분명 다른 시점을 가지고 있을 터. 거기에서 제조업, 마케팅에 대한 힌트를 파헤쳐 보자.

제조업에서의 '유행(트렌드)'에 대해 묻고 싶은데요. 테라오 씨는 세상의 유행을 어떻게 바라보고 있나요?

_____ 유행은 전혀 의식하지 않습니다.

그렇군요. 제조업과 관련해서는 'AI(인공지능)', 'IOT(사물인터넷)', 'AR(증강현실)' 등 여러 최첨단 기술이 있는데요, 그런 것들을 주목하기도 하나요?

_____ 아니요. 저희가 만들고 있는 제품과 관련성이 적어서요. 발뮤다가 IT 기업이었다면 이야기가 달라지겠지만요. 그리고 '이런 기술이 있으니까 이렇게 만들자'라는 식의 기술선행 기획도 하지 않아요.

비
교

단지 '무엇을 해야 인간은 기뻐하는가'를 고려할 뿐입니다. 첨단기술은 꼭 필요할 때에만 추구해요. 따라서 유행도 기술도 좇을 필요가 없는 거죠.

ㅇ '보편적인 기쁨'을 깊이 파고든다

'인간이 기뻐하는 것'은 무엇인가요?

_____ 인간이 기뻐하는 '보편적인 요소'가 무엇인지 철저하게 분석하고 있어요. 세상에는 개개인에게 최적화된 서비스가 많이 나와 있긴 하지만, 인간에게는 대중적인 성향도 있잖아요. 많은 사람의 공감을 얻어 인기를 끄는 대중성이라는 거 말이에요.

정말 맛있는 요리는 개인적인 취향의 차이는 있겠지만 많은 사람들이 공통적으로 맛있다고 느낍니다. 공통의 미각이 있기 때문이죠. 그렇게 '인간이 기뻐하는 보편적인 요소'를 꿰뚫어 보고 만든 제품은 반드시 세상에 받아들여집니다.

현재는 '불편을 해소하는' 제품이나 서비스가 많이 나와 있죠. 냉장고나 세탁기가 처음 일반 가정에 들어왔을 때 불편을 해소해주니 얼마나 기뻤겠어요. 하지만 소비자는 이미 그런 제품에 익숙해져 버렸어요. 그러니까 인간이 느끼는 '기쁨'이 무엇인지 다시 한 번 철저하게 분석할 필요가 있는 겁니다.

비
교

○ '재정의'를 통해 얻은 새로움

세상에는 수많은 종류의 선풍기나 토스터가 있지만, 발뮤다 제품은 그것과는 확실히 달랐어요. 기존 개념을 걷어내고 원점으로 돌아가서 각각을 다시 정의한 끝에 탄생한 제품이라고 생각했어요. 그게 바로 '인간이 기뻐하는 것'에 대해 고심한 결과였군요.

_____ 인간이 기쁨을 느끼는 상황은 각양각색이지만, '이것을 우리가 만든다면 어떻게 될까? 더 큰 기쁨을 제공할수 있지 않을까?'라는 점을 염두에 두고 신제품을 기획합니다.
기획의 기본에 관한 이야기일 수도 있는데요, 만약 이 세상에 존재한다면 가장 많이 팔릴 것이 뭐라고 생각하시나요?

뭘까요…? 멋있어지는 약이나 살이 빠지는 다이어트약 같은 거요? (하하)

_____ 그것도 나름의 수요가 있을 거라고 생각되지만, 그건 아니에요(하하). 저는 '멋진 인생'이 가장 많이 팔릴 거라고 생각해요.

그건 확실히 많이 팔리겠네요. 하지만 만들 수도 없고 살 수도 없잖아요.

_____ 그렇죠. 하지만 모든 제품이나 서비스의 최종적인 목표는 그거예요. 멋진 인생을 살 수 있도록 돕는 무언가인 거죠.

그러니까 '기쁨'이 있어야 하는 거군요.

_____ 맞아요. 그렇게 생각하면 유행을 좇을 필요가 전혀 없죠. 다른 회사 제품을 조사하거나 경쟁자로 삼을 필요도 없고요. 필요에 따라 특허 관계 정도는 조사할 수 있겠지만, 다른 회사 제품은 크게 신경 쓰지 않고 있어요.

비
교

○ 비교 가능한 제품을 만들어서는 안 된다

매스컴을 통해 제품발표를 할 때 하나의 자료로 A사, B사와의 기능 비교표를 OX로 표시해서 보여주는 기업도 있잖아요. '우리는 타사와 비교해서 이 점이 우수하다'라는 식으로요. 하지만 그건 소비자를 위한 자료가 아닌 것 같아요. 사사로운 기능으로 우열을 가리고 있는 모습이 그다지 좋게 보이지만은 않거든요.

_____ 애초에 '비교 가능한 상품을 만들어서는 안 된다'라고 생각하는 것이 좋아요. 다른 회사가 저희 제품의 콘셉트를 모방하기도 하지만, 그것은 모방할 만한 가치가 있는 '독자적인 제품'을 만들어냈다는 증거이기도 해요. 인정받고 있다는 뜻이죠.

'다른 회사'를 신경 쓰지 않는다고 하셨지만, 인간으로서 '타인'을 의식하게 되지 않나요? 경쟁자가 있으면 절차탁마해서 더 높은 곳을 목표로 할 수 있는 메리트도 있잖아요.

_____ '타인'이요? 전혀 의식하지 않아요. 누군가를 이기고 싶다든가 지기 싫다든가 그런 생각을 한 적이 없어요. 그저 내가 하고 싶은 것을 한다, 지금껏 그렇게 살아왔으니까요. 승패를 겨루는 무대에 선 적이 없는 것 같기도 하

고, 그런 것에 흥미도 없고요.

운동선수만 봐도 매스컴이 라이벌 관계를 부각시키기도 하지만, 정상급 선수일수록 다른 선수를 신경 쓰지 않을 거예요. 자기와의 싸움을 통해 더욱더 높은 기량을 내는 것에 집중하고 있을 테니까요.

'동기가 출세해서 배가 아프다'라든가… 경쟁심을 불태우는 사람들도 많던데 말이죠.

_____ 정말이요? 제 주위에는 그런 사람이 없어서 잘 모르겠지만, 그냥 말뿐인 걸 수도 있어요. 드라마 같은 걸 보고 하는 말이요.

만약 출세하고 싶다면 타인을 신경 쓸 것이 아니라 회사와 고객이 기뻐하는 것에 집중해야 합니다. 누구보다 책임감 있게 일하는 겁니다. 주위 사람들이 그걸 분명 지켜보고 있을 거고요.

정상급 운동선수와 마찬가지예요. 자신의 최고 기량을 보여주면 되는 거죠.

비
교

쌀알과의 격투,
목숨을 걸고 만들어낸 밥솥

어떻게 발뮤다에 입사하게 되었나요?

가라사와 발뮤다에는 2012년에 입사했습니다. 전 직장에서는 엔지니어로서 무선 관련 소프트웨어 개발을 했어요. 다양한 제품개발에 참여했는데, '이렇게 하면 문제없이 제품을 만들 수 있다'라는 분위기 속에서 일했기 때문에 스스로 성장한다는 느낌을 받지 못했어요.

그래서 저 자신이 성장할 수 있고 더욱 매진해서 일할 수 있는 회사를 찾기 시작했죠. 그러던 중에 발견한 곳이 발뮤다였어요.

발뮤다의 첫인상은 어땠나요?

가라사와 발뮤다라는 회사를 알게 된 후, 우선은 제품을 보기 위해 가전제품 매장에 갔어요. 발뮤다 제품이 놓여 있는 곳에 스무 명 남짓한 당시 직원들의 단체 사진이 붙어 있었죠.

세피아 톤의 사진이었던 걸로 기억해요.

사진 속 직원들의 표정이 하나같이 즐거워 보이는 거예요.

회사치고는 작은 규모였지만 활기가 넘치는 회사라는 인상을 받았어요. 그 후에 입사시험을 거쳐 채용되었죠.

따뜻한 분위기에 이끌려 이직을 결심하게 된 거군요. 입사해서는 어떤 일을 했나요?

가라사와 가전제품에 들어가는 마이크로컴퓨터를 제어하는 소프트웨어를 만들고 있어요.

발뮤다는 원래 기계 부분은 자사에서 만들고 소프트웨어는 외주로 제작했었죠. 2012년 그린팬 미니GreenFan mini까지만 해도 그랬어요. 그러던 중 소프트웨어의 내재화를 위해 인력을 모집했고, 제가 입사하게 된 거죠. 입사 당시에 소프트웨어 기술자는 저를 포함해 두 명뿐이었어요. 다른 제품의 개발에 참여하는 동시에 그린팬의 소프트웨어를 새로 만들었습니다. 2014년에 출시한 그린팬 재팬GreenFan Japan이 바로 그것이죠.

소프트웨어와 구조에 변화를 주면서 회전 범위의 각도를 넓

혔고, 그 범위도 조절할 수 있게 되면서 더욱 편리해졌죠.

일하면서 힘들었거나 기억에 남는 에피소드가 있나요?

가라사와 2013년 한 해가 가장 힘들었어요. 신년 인사에서 테
라오 씨가 표명한 표어는 '풀 스로틀(full throttle, 자동차의 가속
페달을 끝까지 밟아서 최고 마력을 내는 상태)'이었어요. 풀 스로틀
로 올 한 해 신제품을 두 가지 만들어내자고 했죠. 그 두 가
지는 난방기구와 가습기였고, Wi-Fi로 원격조작이 가능한
제품을 상정해두었어요.

그때는 대략적인 디자인만 나온 상태여서 히터를 만드는 노
하우도 모르고 가습기를 어떻게 만들지도 정해지지 않은 상
태였죠. 그런 상태로 1년 이내에 개발이라니…. 어려운 과제
였지만 전력을 다해 일하고 싶어서 발뮤다에 들어왔기에 저
는 풀 스로틀에 전적으로 찬성하며 그 상황을 받아들였어요.
정말 힘들긴 했어요. 하지만 적은 인원끼리 똘똘 뭉쳐 목표를
향해 나아가는 것은 활력이 넘쳐흐르는 즐거운 작업이었죠.
저는 당시 테라오 씨에게 "토요일 따위 필요 없다"고 했어
요. 요즘은 일과 삶의 균형이 중시되고 있지만, 그 당시에 저

는 어쨌든 죽어라 일하고 싶었거든요.

예정대로 2013년 중에 두 가지 제품을 모두 출시했을 때는 정말 기뻤습니다. 지금은 회사 구조나 제도도 정비되었기 때문에 그때처럼 막무가내로 일할 수도 없는데다가 저도 이제는 주말도 필요하다고 생각하고 있지만, 당시에는 어쨌든 '풀 스로틀'이었어요(하하).

제작 노하우가 없는 상태에서 단 1년 만에…. 다른 회사 제품을 분해해서 구조를 이해하는 것부터 시작한 건가요?

가라사와 그렇죠. 손으로 만져보고 실험을 거듭했어요. 층계참에 상자로 방을 만들고 히터를 켜고 온도가 얼마나 상승하는지 재보기도 했고요. 지금 생각해보면 말도 안 되지만, 어떻게든 돈을 들이지 않으려고 고심했었어요.

참여했던 제품 중에 좋아하는 제품은 무엇인가요?

가라사와 기획단계부터 담당자로서 참여했던 전기밥솥 발뮤다 더 고한BALMUDA The Gohan입니다.

우선 질냄비나 가마솥을 사용해 밥을 짓고 이렇게 하면 맛있

게 지어지는구나, 이렇게 하면 맛이 없어지는구나, 반복하는
것부터 시작했죠.

일반적인 방법으로 밥을 지으면 기존의 밥솥보다 맛있게 지
어질 리가 없으니 원점으로 돌아가서 쌀을 가지고 볶기, 굽
기, 끓이기, 찌기 등의 조리법으로 실험했어요.

다양한 실험을 한 결과, 증기로 쪄냈을 때 쌀 알갱이의 느낌
이 살아있다는 걸 알게 되었죠. 찹쌀밥도 쪄서 만드는 걸로
아는데, 끓이는 것보다 찌는 편이 쌀알이 뭉개지지 않거나
거품이 생기지 않는 등의 메리트가 있었어요.

최종적으로 솥을 이중으로 만들어서 솥과 솥 사이에 넣은 물
을 가열하여 발생한 수증기로 밥을 짓는 기술을 개발했습니
다. 개발 뒤에도 실험은 계속되었어요. 수차례 밥을 짓고 먹
고, 다 먹으면 또 짓고 먹고를 반복하는 거죠.

시간도 오래 걸렸겠지만, 배가 많이 불렀겠어요.

<u>가라사와</u> 맞아요. 밥을 먹는 것이 가장 힘들었어요. 실험한 횟
수만큼 먹으니까요. 그해 건강검진에서 중성지방이 엄청나
게 많아졌고 콜레스테롤 수치도…(하하). 너무 열심히 하다

보니 건강을 해치고 말았지만, 지금은 괜찮아졌어요.

정말 몸을 사리지 않고 만든 제품이군요.

가라사와 그래서 그런지 애착이 가장 많이 가요. 참고로 현미도 맛있게 지어지죠. 질냄비로 지은 밥보다 맛있으니 한번 사용해보세요.

테라오 씨에 대해서는 어떻게 생각하고 있나요?

가라사와 에너지 그 자체죠. 지금껏 '내가 하고 싶은 일을 한다'는 신념으로 살아왔다는 것이 느껴져요. 타고난 리더랄까요, 테라오 씨가 누군가의 부하인 모습은 상상이 안 가네요 (하하).

유머 감각이 있어서 화술도 뛰어나죠. 그래서 팬이 많은가 봐요. 다양한 사람을 주변에 두고 점점 힘을 키워가고 있는 것이 꼭 만화 《원피스》 같다는 생각이 듭니다. 현실판 《원피스》를 가까이서 지켜보는 기분이라 재밌어요.

PART 10

언어

인류 최고의 발명은
'언어'라는 사실을 기억하고 제대로 사용한다

나날이 진화하여 편리한 세상을 만드는 '테크놀로지 시대'에는 스마트폰이 결정적으로 중요한 역할을 했다. AI(인공지능)가 본격적으로 보급되는 다음 시대는 어떤 세상이 될지 예측조차 어렵다. 그런 점에 있어서 가전업체 발뮤다도 테크놀로지를 빼고는 이야기할 수 없다. 테라오 겐에게 테크놀로지에 대해 묻자 이야기는 금세 '인류 최고의 발명은 무엇인가?'라는 생각지도 못한 방향으로 흘러갔다. 인류 최고의 발명은 '언어'라고 이야기하는 테라오 겐. 그는 어째서 그렇게 말하는 걸까?

좋은 아이디어가 있어도 테크놀로지가 없으면 그것을 실현해낼 수가 없죠. '테크놀로지'에 대해 테라오 씨는 어떻게 생각하세요?

_____ 최신기술에 관한 이야기가 듣고 싶겠지만, 저는 이 테크놀로지라는 주제에서 '인류 최고의 발명은 무엇인가?'에 대해 이야기를 하고 싶은데 괜찮을까요?

흥미로운데요? 들려주세요.

_____ 인류 최고의 발명은 무엇인가? 2년 전쯤 어떤 셰프와 이 주제로 토론을 하게 되었고, 그는 '마요네즈', 저는 '나사'를 꼽았어요.

그의 말에 따르면 마요네즈는 '유화'라는 화학변화를 절묘하게 이용하여 만들어낸 요리 재료로, 마요네즈야말로 인류 최고의 발명이라고 하더군요. 분명 유화라는 기술은 훌륭합니다. 본래 섞이지 않는 '물'과 '기름'을 섞는 것을 가능하게 하죠.

실제로 '식초(물)'와 '기름'에 '달걀'을 넣으면 유화를 일으켜 마요네즈가 됩니다. 달걀이 유화제 역할을 하는 거예요.

게다가 인간이 태어나서 처음으로 먹는 것도 유화물, 그러니까 어머니의 모유에요. 아마 그런 이유로 많은 사람이 유화물을 맛있다고 느끼는 걸 거예요.

한편 제가 인류 최고의 발명이라고 주장한 것은 '나사'입니다. 나선형으로 파인 홈이 본래라면 붙어 있을 수 없는 두 개의 물체를 강한 힘으로 결합시킵니다. 지금은 건축물부터 전자제품에 이르기까지 다양한 분야에서 당연하게 쓰이고 있잖아요. 그래서 '나사'라고 답했죠.

토론의 결과는 어떻게 됐나요?

_____ 결국 그날은 마요네즈 vs 나사 토론의 결론이 나질 않았어요.

그래서 저는 그날 밤 집에 돌아가 다시 한 번 생각에 잠겼죠. 과연 인류 최고의 발명은 나사인가? 그러면 원자력은? 바퀴도 엄청난 발명이다. 엔진도 그렇고…. 그렇게 꼬리에 꼬리를 물고 생각을 거듭하다가 끝내 납득할 만한 하나의 답을 발견했어요.

그건 바로 '언어'였죠.

○ 언어의 발명으로 인구급증

언어라니 의외네요. 기술적인 것이 나올 줄 알았거든요.

_____ 일전에 책에서 읽었는데, 인류의 긴 역사 속에서 급격하게 인구가 증가한 시기가 있다고 해요. 그때까지는 다른 동물과 마찬가지로 열악한 환경 속에서 많은 사람이 목숨을 잃곤 했는데, 특정 시기를 기점으로 인간의 생존율이 급상승했다고 합니다. 무슨 일이 있었던 걸까요? 인류학자나 고고학자 사이에서는 '언어가 발명되었기 때문'이라는 설이 유력시되고 있죠. 저는 그 이야기를 들었을 때 무릎을 탁 쳤어요. 그리고 그게 인류 최고의 발명이 무엇인지를 생각하고 있던 그날 밤에 다시 떠오른 거예요.

언어가 발명되고 인구가 갑자기 늘어났다는 건가요?

_____ 언어가 발명되기 전에는 신체를 안전하게 숨기는 방법이나 효율적으로 낚시하는 법을 눈앞에 있는 사람에게 행동으로 전달할 수밖에 없었어요. 이 방법은 유용한 정보를 많은 사람에게 전하는 것에는 적합하지 않아요.

하지만 언어가 있으면 이야기가 달라져요. 방법을 직접 보여주지 않아도 언어로 전달하면 되니까요. 그렇게 하면 유용한 정보는 사람에게서 사람으로 금세 전해집니다. 언어가 발명되면서 안전성이 급격히 높아졌고 인구폭발이 일어난 거죠.

정보공유가 급격히 늘어난 거군요.

_____ 맞아요. 지구에서 인류가 전멸하지 않고 지금까지 문화를 발달시켜온 것도 언어 덕분이죠. 언어가 없었다면 사고의 지속이나 정착도 불가능했을 거예요.

게다가 언어가 없었으면 다른 수많은 위대한 발명도 생겨나지 않았을 테고요. 그렇게 생각하면 인간이 인간다운 이유는 '언어를 사용하기 때문'이라고 말할 수 있죠.

그러니까 '언어'는 인류를 특별한 존재로 만들어줄 만큼 큰 힘을 가진, 인류 최고의 발명이며 최고의 테크놀로지입니다.

그리고 '언어'는 누구나 사용할 수 있어요. 그런 '축복받은 환경'에 있다는 사실을 조금은 의식할 필요가 있어요. 일상생활에서든 비즈니스에서든 말이죠.

○ 단어를 고르는 중요성

어떻게 의식하면 좋을까요?

_____ 언어를 다루는 포인트는 몇 가지 있는데, 적절한 단어를 고르는 것이 가장 중요해요.

예를 들어, '달린다'는 행위를 말할 때 '달리다', '달음박질 치다', '질주하다', '주행하다' 등을 사용할 수 있는데 각각 의 느낌과 의미는 조금씩 다릅니다. 비슷한 것들을 구별 되게 말할 때 단어로 의미를 특정해가는 것이 중요하죠.

그야말로 어휘력에 달렸네요.

_____ 어휘력도 그렇지만 어떻게 단어를 골라서 전달할 지에 달렸어요.

누군가가 '저기에 뭔가 있다!'라고 말하면 '응?'하고 어리 둥절해하겠지만 '저 앞 대나무숲에 100만 엔이 떨어져 있 다!'라고 말하면 어떨까요? 100만 엔을 차지하기 위해 누 군가가 전력 질주하지 않을까요?

알기 쉬운 예네요(하하).

_____ 이처럼 어떻게 단어를 고르느냐에 따라 그 후에 일어날 상황은 달라집니다.

지금 내가 전하고 싶은 말을 짧고 적확하게, 자세하게 전달할 수 있는 단어는 무엇일까? 어떤 단어의 조합이 신선하고 적절할까? 항상 이런 점을 고려해서 말하려고 노력합니다.

말주변이 없는 사람에게 조언을 해주신다면요?

_____ '전하고 싶은 것'이 모호해진 상태는 아닌지 생각해봐야 해요. 그렇게 되면 아무리 노력해도 적절한 단어를 찾을 수 없으니까요.

단어의 선택이 고민된다면 '전하고 싶은 것'을 스스로 명확하게 이해하고 있는지 확인하는 편이 좋아요.

○ 독서량 = 어휘력

어떻게 해야 어휘력을 늘릴 수 있을까요? 역시 독서가 도움이 될까요?

_____ 자신이 가지고 있는 어휘가 풍부할수록 적절한 단어를 고를 수 있겠죠. 어휘력을 갈고닦는 방법은 다양한데, 말씀대로 가장 간단한 방법은 '독서'입니다.

저는 소설을 자주 읽고 시도 좋아해요. 특히 십대 시절에 책을 많이 읽었어요. 또래에 비해 열 배는 넘게 독서량이 많았을 거예요. 지금도 책은 자주 읽는데, 체감상으로도 독서량은 어휘력 향상에 많은 도움이 된다고 생각해요.

기획서나 자료도 많이 써봐야 합니다. 적절한 단어를 선택하는 연습이 되고 문장구성력도 좋아지거든요. 저는 특허서류를 작성하면서 그런 능력을 키웠죠.

단어의 선택은 훈련을 거듭할수록 좋아집니다. 항상 의식적으로 올바른 단어를 선택하려고 노력하는 것이 좋아요. 언어능력을 갈고닦으면 결국 사고방식도 변해가요. 사고는 언어로 하니까 사고 수준도 높아지는 거죠.

농담이 아니라, 10년 후 자신의 수입이 극적으로 변할지도 몰라요. 언어능력을 단련한다면 말이죠.

PART 11

전달

'처음 15초'가 중요,
상대가 이미지를 떠올리도록 하라

앞서 인류 최고의 발명은 '언어'라는 이야기를 했다. 언어의 중요성은 이해하지만, '말주변이 없어서 대화에 자신이 없다', '생각이나 의견을 조리 있게 전달할 수가 없다'고 말하는 비즈니스맨도 많다. 오해 없이 원활하게 일을 해나가기 위해서는 '전달력'이 중요하다. 발뮤다의 신제품 발표회에서 테라오 겐의 프레젠테이션을 들어보면 내용은 물론 리듬이나 목소리의 톤, 질문에 궁리한 흔적이 역력하다. 그의 비결은 '이미지를 떠올리게 하는 것'에 있었다.

○ ○ ○

○ ○ ○

○ ○ ○

서점 비즈니스 코너에는 '말 잘하는 방법', '의도를 제대로 전달하는 방법' 등에 관한 노하우를 알려주는 서적이 수없이 놓여 있잖아요. '회의에서 내 생각을 제대로 전할 수 없다', '거래처에서 더욱 조리 있게 말할 수 있다면' 하고 고민하는 사람이 많으니까요. 저도 가끔 무언가를 설명하다가 스스로 답답함을 느낄 때가 있어요. 테라오 씨는 어떤가요?

_____ 그런 고민을 하는 사람이 많군요. 뭐, 당연하다면 당연할 수도 있겠네요. '전달하는 것'은 의외로 어려워요. 인간은 우리가 생각하는 것보다 타인에게 흥미를 갖고 있지 않으니까요.

나에게 관심을 두고 있는 사람은 가족이나 연인 정도겠

전
달

165

죠. 그런 가족과 연인에게조차 자신의 생각이나 마음을 전하는 것이 어려울 때가 있잖아요. 그러니까 기본적으로 누군가에게 무언가를 전하는 것은 정말 어려운 행위라고 볼 수 있어요.

그렇다고 포기해서는 안 돼요. 말하는 법을 조금 궁리하는 것만으로도 상대에게 의도가 전달될 확률이 훨씬 높아지기 때문이죠.

ㅇ 어떤 결과를 원하는가?

어떤 궁리 말인가요?

_____ 저는 무언가를 전해야 할 때 '무엇을 말하고 싶은 가'가 아니라 '어떤 결과를 원하는가'라는 목적을 먼저 생각해요.

예를 들어, 자사 상품을 팔기 위한 회의의 경우, 전달하고 싶은 내용이 많으면 그것을 빠짐없이 말하려 들기 마련이지만, 목적은 어디까지나 '판매'예요. 상품에 대해 충분히 설명했다고 해도 상대방이 '사고 싶다'라는 생각이 들지 않으면 의미가 없죠.

상대의 관심을 끌어서 우리 쪽이 의도한 대로 움직이게 하기 위해서는 상대가 기뻐할 만한 것을 이야기하면 되겠지만, 그게 말처럼 쉽지 않아요. 인간은 타인에게 흥미가 없는 데다가 대부분 타인을 위해 시간을 낭비하기 싫어하니까요. 그러니까 상대를 기쁘게 만들기 위해 쓸 시간은 없어요. 처음 만나서 15초 안에 승부가 결정된다고 보면 됩니다.

15초 동안 무엇을 전달하면 좋을까요?

_____ 어필 포인트를 늘어놓는 것만이 능사는 아니에요. 자신이 메리트라고 생각하는 것이라도 상대는 그렇게 생각하지 않을 수도 있으니까요.

중요한 것은 15초 안에 상대가 머릿속으로 '이거 좋네'라고 느낄 만한 '이미지'를 떠올리게 하는 거예요.

한번 떠올린 이미지는 머릿속에 남습니다. 그렇게 되면 회의는 성공한 것이나 다름없죠. 이후에 이야기하는 내용은 모두 그 이미지와 연결되면서 설득력이 점점 높아지거든요.

자동차를 사러 갔을 때 '승차감이 좋다'거나 '연비가 좋다'라는 설명보다 '함께 탈 가족들이 기뻐할 겁니다', '길 가던 사람들이 눈을 떼지 못할 거예요' 같은 이야기를 들으면 더욱 즐거운 이미지가 떠오르지 않나요?

조금 말을 덧붙이는 것만으로도 상대가 마음속에 그리는 이미지는 크게 달라질 수 있죠.

가령 영업 시스템을 팔기 위한 경우라면 '이 시스템을 도입하면 매출이 20% 높아질 겁니다'로 끝낼 것이 아니라 '그렇게 되면 부하 직원들이 역시! 멋지십니다! 라며 엄지를 치켜세울 거예요'라는 말을 덧붙이는 거죠. 성향에 따라서는 '매출 20% 상승'보다 '부하 직원의 극찬'을 더 기뻐하는 사람도 있으니까요.

○ '상상해보세요'라는 한마디

부하 직원의 극찬을 떠올리게 하는 거군요. '매출 상승', '높은 생산성'보다도 훨씬 효과적일 것 같네요.

_____ 상대가 머릿속에 이미지를 그릴 준비를 하도록 '상상해보세요'라는 말을 던진 후에 이야기를 시작하면 더욱 효과적입니다.

좋은 방법이네요. 상상할 준비를 시키는 것이군요.

_____ 사람에 따라 '기쁜 이미지'는 제각각이겠지만 어떤 이미지든 '머릿속에 선명하게 그리게 하는 것'이 중요해요.

그러기 위해서는 상대의 감정을 흔들 만한 단어 선택이 중요해지는 거죠. 사진이나 일러스트를 이용해서 상상하게 만들 수도 있고요.

발뮤다는 모든 상품의 키 비주얼을 매우 중요하게 여깁니다. 최적의 비주얼을 제시하면 원하는 상대에게 저희의 의도를 제대로 전달할 수 있기 때문이죠.

이미지와 딱 맞아떨어지는 사진이나 일러스트가 있으면 상상하기 쉽겠어요.

_____ 큰 인기를 끌었던 발뮤다 더 토스터는 초기 키 비주얼을 두고 반년에 걸쳐 논의했었죠. 처음에는 멋진 디자인을 강조하여 제품을 전면에 배치한 사진을 채택하려 했지만, 최종적으로 '버터를 올린 토스트 한 장'이 키 비주얼이 되었습니다.

토스터의 키 비주얼을 제품 대신 빵 사진으로 내세운 이유는 그쪽이 비주얼적으로 더 강렬했기 때문이에요. 그 이미지를 보고 '이런 토스트를 먹고 싶다'라는 생각이 들게 하고 싶었거든요.

빵이나 빵집 광고와 혼동하지 않도록 이미지 속에 '독자적인 스팀 기술과 완벽한 온도제어. BALMUDA The Toaster'라는 카피 문구도 넣어두었죠.

비즈니스 대화에서 정말 무언가를 전하고 싶다면 '15초짜리 광고'를 만든다는 기분으로 접근하는 것이 좋아요. 한판 승부나 다름없기 때문에 복잡한 설명은 필요 없어요. 상대의 마음을 15초 안에 사로잡겠다는 마음가짐으로 도전해보기 바랍니다.

전
달

PART 12

신뢰

'미움'받기 싫다고 걱정할 필요 없다.
'신뢰'받는 것이 중요하다

○ ○ ○ ○ ○

○ ○ ○ ○ ○

○ ○ ○ ○ ○

○ ○ ○ ○ ○

○ ○ ○ ○ ○

인간관계 속에서 종종 '미움받기 싫다'라는 심리가 작용할 때가 있다. '누군가에게 미움받기 싫다'라는 생각에 사로잡혀 자기 자신을 억누르면 테라오 겐이 말하는 '가능성을 사용하는 것', '자유를 행사하는 것'이 어려워지고 삶이 고달파진다. 만약 누군가가 '상사나 동료에게 미움받기 싫어서 항상 직장에서 위축되어 있다'라는 고민을 털어놓는다면 테라오 겐은 어떤 조언을 전할까?

'상사나 동료에게 미움받기 싫다'라고 생각하는 사람들이 많아요. 상사에게 미운털이 박히면 일이 원활하게 진행되지 않을 수도 있죠. 거래처도 마찬가지고요. 요즘은 다들 '호감을 얻고 싶다'보다는 '미움받기 싫다'라는 마음이 더 강한 것 같은데, 테라오 씨는 어떻게 생각하세요?

_____ 그렇군요. 근데 그건 인간관계 속에서는 지엽적인 이야기인 것 같아요. 가장 중요한 것은 '신뢰받을 수 있을까, 없을까'입니다. 호감을 얻고 싶다든가 미움받기 싫다든가는 그다음 이야기죠.

신뢰받지 못하면 괜찮은 일을 맡지 못해요. 신뢰받지 못하면 진심을 들을 수 없어요. 신뢰받지 못하면 믿음을 얻

신
뢰

지 못해요. 보통 인생에서 일어나는 멋진 일들은 사랑이든 일이든 신뢰받는 것에서 시작되죠.

'미움받기 싫다'라고 생각할 필요가 없다는 말인가요?

_____ 신뢰하고 있는 사람을 미워할 이유가 없잖아요? 그러니까 '호감을 산다'든가 '미움을 받는다'든가 하는 문제가 아니라 상대로부터 신뢰받는 행동을 하면 돼요.

○ 신뢰감이 있는 사람은 '강하다'

신뢰라고 하면 능력이나 스킬 같은 스펙 요소에서 생겨나는 '신뢰성', 그리고 성실함이나 정직함 같은 인성 요소에서 생겨나는 '신뢰감'이 있어요. 신뢰성이 있는 사람은 우수하지만, 예상을 벗어난 위기 상황에 놓였을 때 도망칠 수도 있죠. 한편 신뢰감이 있는 사람은 능력이나 기술은 부족해도 노력으로 만회해줄 거라는 기대감이 있어서 위기 상황에도 도망치지 않아요. 테라오 씨가 말하는 신뢰할 수 있는 사람은 '신뢰감이 있는 사람' 쪽이라고 보면 될까요?

_____ 그렇죠. 신뢰감이 있는 사람은 강해요. 힘든 상황을 함께 극복하고자 할 때 '우수한 사람'과 '강한 사람' 중 어느 쪽과 함께 있고 싶은지 생각해보면 금방 답이 나와요. 그건 강한 사람이죠.

일에서든 인생에서든 곤란한 상황은 누구에게나 반드시 일어납니다. 그럴 때 어떻게 대처하는가? 강인함이 보이는가, 나약함이 보이는가? 그런 것들을 주변 사람들은 전부 지켜보고 있어요. 신뢰할 수 있는 사람인지 아닌지는 거기에서 판단할 수 있죠.

⭘ '강인함'은 위기 상황에서 알 수 있다

위기 상황에 대처하는 모습으로 알 수 있다는 말이군요.

_____ 네, 힘들 때 실패했을 때 대처하는 모습만 봐도 알수 있어요. 강인한 사람은 그런 상황에 놓여도 피하지 않습니다. 도망치지 않아요. 정말 창피하고 힘들고 괴로워도, 자신의 자리를 지키죠. 처한 상황을 정면으로 돌파하려고 합니다. 그리고 잘못된 행동을 했다면 반드시 사죄하죠.

반면 나약한 사람은 무언가의 탓으로 돌리거나 도망쳐버리죠. 그러니까 '자리를 지키는 행동'만으로도 그 사람은 강하다고 할 수 있어요.

신뢰할 만한 행동이네요. 타인이나 자기 자신에 대해서도 성실하고요.

_____ 그렇죠. 그러니까 역시 인간관계는 '신뢰받는가'가 포인트예요.

'미움받기 싫다'라고 생각하는 사람에게 하고 싶은 말은 이거예요. '미움받지 않기 위해 살아가는 게 아니죠? 누군가에게 호감을 사기 위해 살아가는 것도 아닐 테고요. 좋은 관계를 유지하기 위해 살아가는 것도 아닙니다. 그러니까 그런 생각은 안 하는 게 좋아요'라고 말해주고 싶네요.

이건 학교에서의 인간관계로 고민하던 초등학생 아들에게도 했던 말이에요. 흔히 부모는 아이에게 친구들과 사이좋게 지내라고 말하지만, 그 말이 오히려 아이를 힘들게 할 가능성이 있어요. 자기 생각대로 진실하게 행동하면 될 일인데 말이죠.

ㅇ 걱정해도 미래는 변하지 않는다

'미움받기 싫다'라고 생각하는 사람은 걱정을 지나치게 하고 있는 것처럼 보이기도 해요.

_____ 걱정이라는 게 해도 어쩔 수가 없는 부분이잖아요. 아무리 걱정을 해도 결과는 변하지 않으니까요. 걱정한 뒤에 가설을 세우고 대책을 찾아야 미래가 바뀔 가능성이 있는 거죠.

걱정만 하는 사람은 대책을 마련하기는커녕 가설을 세우지도 않아요. 세워둔 가설에 대해서 또다시 걱정하기 시작할 게 뻔하니까요. '혹시 이게 아니면 어쩌지?' 하며 제자리를 맴돌게 됩니다.

즉, 걱정이 앞서는 사람은 가설조차 걱정하기 때문에 어떤 가설도 채택하지 못하고 고민만 계속하게 되는 겁니다. 그건 정말 시간 낭비예요.

가설은 어디까지나 가설에 지나지 않으니까요.

_____ 맞아요. 인간관계로 고민하고 있다면 가설을 세워서 대책을 세우는 편이 좋아요. 잘 안 풀리면 다른 방법으로라도 손 써볼 여지가 있으니까요.

'한국 시장에서의 약진'을
이끈 주역

발뮤다에는 어떻게 입사하게 되었나요?

후쿠오카 2010년 11월에 입사했어요. 전에는 EC(전자상거래) 사이트의 바이어로 일했었죠. 담당하고 있던 품목 중 하나가 가전제품이었고, 발뮤다도 저희 거래처였어요. 그린팬 같은 제품들을 들여놨었죠. 그래서 테라오 씨와는 구면이었어요. 이런저런 일로 전 직장을 그만둘 때쯤 연이 닿았어요. 거래처였던 발뮤다에 퇴사를 알리기 위해 연락했는데, 테라오 씨로부터 "만약 다음 직장이 정해지지 않았다면 우리 회사는 어떤가요?" 하고 제안을 받았어요.

솔직히 그때는 고민했죠. 전 직장이 무척이나 빡빡했었는데, 똑같이 빡빡해 보이는 테라오 씨와 함께 일하는 게 맞나 싶었거든요.

그 당시 테라오 씨에게서 어떤 인상을 받았나요?

후쿠오카 6~7년 전이었으니까, 지금보다 더욱 뾰족뾰족한 상태였어요. 가전업계, EC업계에서는 '발뮤다의 테라오 씨를 화나게 해서는 안 된다. 무섭다'라는 소문이 자자했어요. 그래서 회의차 발뮤다를 방문할 때마다 항상 긴장했었죠. 솔직히 무서웠거든요.

당시 그린팬이 엄청나게 팔리고 있었고, 사이트에서는 쟁탈전이 일어났었죠. 웹사이트에 올리면 1분 만에 완판이었으니까요. 저도 자주 발뮤다에 전화해서 "다섯 대라도, 그게 안 되면 두 대라도"라며 재고 확보에 열을 올리곤 했어요.

무섭다고까지 생각했던 테라오 씨와 함께 일하기로 결심한 이유는 뭔가요?

후쿠오카 저는 사실 가전 바이어이긴 했지만, 가전제품에 그다지 흥미가 없었어요. 그런데 그린팬을 알게 된 후로 가전에 라이프스타일을 바꾸는 힘이 있다는 걸 알게 됐죠. 그렇게 가전에 흥미가 생기면서 발뮤다에도 매력을 느끼기 시작했어요.

퇴사한다는 이야기를 전한 이후에 테라오 씨가 식사를 제안했어요. 일종의 면접 같은 거였죠. 식사하는 동안 저는 전 직장을 그만둔 이유와 입사를 고민하는 이유를 솔직하게 이야기했습니다. 꽤 소극적인 태도로요.

보통의 회사였다면 저 같은 사람은 채용되지 않겠죠. 하지만 그 자리에서 "고민하고 있는 거라면 해보는 편이 낫죠"라고 말씀하셨어요. 그 말을 듣고 보니 수긍이 가서 "그럼 앞으로 잘 부탁드립니다"라고 답했어요.

인생을 바꾼 한 마디였군요. 입사 후에는 어떤 일을 담당했나요?

후쿠오카 마케팅부에 3년 정도 있다가 '지금 내가 회사를 위해 어떤 공헌을 할 수 있을까'를 고심한 끝에 지금의 해외세일즈팀으로 옮겨달라고 부탁드렸습니다. 해외로 판로를 더욱 넓히고 싶었거든요.

현재는 한국, 대만, 중국, 독일에 판로를 가지고 있는데, 특히 한국에서 발뮤다 제품이 인기가 많아요.

2019년 2월 한국에서 공기청정기 신제품 발표회를 성황리에 마쳤다고 들었어요.

후쿠오카 네. 일본에서도 열린 적 없었던 큰 규모의 발표회였죠. 반응은 좋았지만, 준비과정이 무척 힘들었습니다.

행사 직전까지도 정말 실현할 수 있을지 불안했어요. 준비나 당일 운영은 한국 판매대리점을 통해 진행했는데, 서로 의견을 주고받는 데 어려움을 겪었죠.

한국 대리점 측도 대규모 발표회를 여는 것이 처음이어서 매우 열정이 넘쳤어요. '발뮤다가 처음으로 일본보다 먼저 한국에서 제품을 발매한다. 게다가 테라오 사장이 내한해서 직접 발표한다. 주목을 받고 싶다'라고 말이죠.

그들이 계약한 현지 디자인 회사는 한국에서 최근 주가를 올리고 있는 회사였는데, 선진적이고 유니크한 제안을 해왔어요. '폐허 같은 전시장 한 면이 거울로 된 공간' 등 화려하고 전위적인 이벤트를 하고 싶어 했죠.

물론 멋진 제안이긴 했지만 저희가 떠올리는 이미지와는 달랐어요. 그런 점을 한국 측에 몇 차례 전달했지만, 전달 방법이 충분치 못했는지 좀처럼 견해차가 좁혀지지 않았죠.

185

그러던 중 테라오 씨가 한국으로 가서 이렇게 이야기했어요.
"발뮤다는 정직하고 성실하고 심플한 브랜드입니다. 발표회장에 오시는 고객들에게 주고 싶은 인상은 화려함이나 현란함, 입이 떡 벌어지는 대단함 같은 게 아닙니다. 발뮤다 제품이 정말 좋다라고 느끼게 하는 겁니다. 그것을 실현할 수 있는 발표회가 되었으면 좋겠습니다."
이렇게 전달하니 그들도 납득했어요. 그로부터 서로의 이견 조율이 원활해졌고 함께 멋진 발표회를 만들어낼 수 있었죠.

테라오 씨의 말이 상대방에게 제대로 전달된 거군요.

후쿠오카 당시 테라오 씨는 정말 믿음직스러웠죠. 준비는 힘들었지만, 발표회가 좋은 평가를 받아서 정말 기뻤어요.

대형 스크린을 배경에 두고 이야기하는 테라오 씨를 보니 스티브 잡스의 프레젠테이션이 떠오르더군요.

후쿠오카 스크린 길이는 16m 정도 됐고, 게다가 LED 스크린이었어요. 과거 뮤지션 출신에 무대에 서는 것을 좋아하는 테라오 씨도 흥분을 감추지 못했죠. "이 스크린 정말 멋지네"하면서요.

테라오 씨에 대한 인상은 처음과 많이 달라졌나요?

후쿠오카 겉으로 보면 '무섭다', '세다'라고 느낄지 모르지만, 한편으로는 섬세하고 부드러운 면도 있고 소년처럼 귀여운 면도 있어요. 새로운 기타를 사면 회사에 가지고 와서 연주해 보이며 모두에게 자랑합니다. "이거 진짜 끝내주지?" 하면서요. 얼마 전에도 책상을 새로 바꾸고는 "어때? 멋있지?"하더군요(하하).

믿음직스러움과 귀여움이라는 갭 때문에 모두에게 존경뿐 아니라 사랑을 받고 있는 게 아닐까 생각해요.

PART 13

시간

시간은 많지 않다.
하나의 작업을 최대한 '빨리'한다

○ ○ ○ ○ ○

○ ○ ○ ○ ○

○ ○ ○ ○ ○

○ ○ ○ ○ ○

○ ○ ○ ○ ○

경영학의 아버지라 불리는 피터 드러커는 '성과를 올리는 사람은 일에서 시작하지 않는다. 시간에서 시작한다. 계획에서 시작하는 것도 아니다'라며 시간의 중요성을 말하고, 시간 관리에 있어서 '계획'보다는 '시간 단축'을 중시했다. 시간에 대한 사고방식은 사람에 따라 제각각이지만 일을 잘하는 사람일수록 시간에 대한 의식이 높고 효율적으로 사용하려고 노력한다. 그만큼 그들의 시간에 대한 사고방식을 참고하면 많은 도움이 된다. 테라오 겐은 과연 어떨까?

○ ○ ○

○ ○ ○

○ ○ ○

테라오 씨는 시간을 어떻게 사용하고 있는지 궁금합니다. 인생이라는 긴 시간도 좋고, 일상적인 업무시간에 관한 이야기라도 좋아요. 시간을 어떻게 사용하나요?

_____ 글쎄요, 누구나 하루 24시간 평등하게 가지고 있지만, 저는 '시간은 많지 않다'라고 생각하는 편입니다.

열네 살 때 어머니의 죽음을 통해 깨달았어요. 앞으로의 인생에서 반드시 일어날 일이 '죽음'이라는 사실을요. 그 외에는 모든 것이 불확실하죠.

죽음을 맞이하는 때는 사람에 따라 다르겠지만 200년, 300년 살 수는 없는 거잖아요. 40대인 저는 앞으로 몇 십 년밖에 살 수 없어요.

제가 만약 앞으로 2000년을 살 수 있다면 오늘 집에서 뒹굴뒹굴했지 회사에 오지 않았을 거예요. 무척 여유롭게 살고 있겠죠.

하지만 제 인생은 앞으로 몇 십 년밖에 남지 않았어요. 그게 현실이죠. 제가 하고 싶은 일을 전부 할 수 없을 거예요. 그러니까 서둘러야죠. '시간은 충분하지 않다'라고 생각하면서요.

돈, 지위, 권력, 명예 등 인간의 욕구는 끝도 없지만 제가 가장 원하는 것은 시간입니다. 시간을 들이면 뭐든지 할 수 있는 데다가 다양한 욕구도 충족시킬 수 있으니까요.

ㅇ '어떻게 사용할까'보다 중요한 것

저도 '하루가 48시간이라면 좋을 텐데'라고 생각할 때가 종종 있어
요. 그렇지만 그건 불가능한 이야기죠. 한정된 시간을 어떻게 사용
해야 좋을까요?

_____ 음…. '어떻게 사용할까'가 아니라, 하나의 작업을
최대한 '빨리' 하는 게 중요해요.
하나의 작업을 빨리 끝낼 수 있다면 곧바로 다음 작업에
착수할 수 있죠. 단순히 생각해서 보통 사람의 두 배 속도
로 일을 한다면 두 배로 많은 작업을 할 수 있잖아요. 그
러니까 일에 있어서는 항상 '빨리'를 명심해야 합니다. 저
는 평소 걸음걸이도 빠른 편이죠.

식사도 빨리하는 편인가요?

_____ 아니요, 식사는 즐거운 시간이기 때문에 천천히 즐
겨요. 하지만 단순한 이동은 빠른 게 좋죠. 산책이라면 여
유롭게 걸어도 좋지만요.

항상 '시간이 아깝다'고 느끼시나요?

_____ 네. 인생은 짧으니까요. 물론 개인차가 있으니 자신이 원하는 대로 살아가면 돼요. 다만 단시간에 끝낼 수 있는 것은 가능한 한 빨리 끝내야 시간을 더 많이 사용할 수 있다는 이야기죠.

빨리 끝내려고 했던 작업도, 귀찮거나 좀처럼 의욕이 생기지 않으면 질질 끌게 되잖아요. 그럴 땐 어떻게 하세요?

_____ 제가 특이한 편이라 그럴 수도 있지만, 저는 '하고 싶은 일'만 하기 때문에 질질 끌며 게으름을 피우는 일은 없어요. 그래서 낭비하는 시간도 없죠.

ㅇ 텔레비전은 보지 않는다

그렇군요. 그럼 '하지 않는 일'은 구체적으로 어떤 건가요?

_____ 예를 들면, 텔레비전은 보지 않아요.

전혀 안 보나요?

_____ 정보를 입수하는 다양한 방법 중에 텔레비전은 꽤 많은 시간을 잡아먹는다고 느끼거든요. 1년에 5시간 정도 보는 것 같아요.

하코네에키덴(1920년 시작되어 매년 1월 2일과 3일 이틀에 걸쳐 도쿄~하코네 왕복 약 217km를 10구간으로 나누어 달리는 마라톤. 일반적인 마라톤과는 달리 어깨띠를 다음 주자에게 전달하며 이어 달리는 방식이다)과 복싱 경기를 보는 정도예요. 하코네에키덴도 처음부터 끝까지 보지는 않고, 드라마틱한 사건이 자주 일어나는 구간인 제9구역, 도쓰카 중계소가 있는 즈음부터요. 이때 몇 미터 남기지 않은 상태에서 지금껏 이어 받아온 어깨띠를 다음 선수에게 넘기지 못하거나, 시드권 경쟁이 격화되기도 하거든요.

시
간

저도 하코네에키덴을 좋아하는데, 정말 조마조마하죠.

_____ 가끔은 저도 모르게 선수들 따라 울기도 해요.

독서나 영화는 어떤가요?

_____ 책이나 영화를 보는 시간은 매우 유익하지만, 거기에 할애하는 시간은 줄었어요. 이미 독서나 영화 감상은 다른 사람이 평생 볼 만큼은 봐두었고 예전만큼 재밌다고 느끼는 일도 적어졌어요. 아마 매일 해야 하는 일이 굉장히 자극적이고 재미있어서 그런 걸지도 모르죠.

아까 하던 이야기로 돌아가서, '하나의 작업을 가능한 한 빨리한다'라고 이야기했는데, '이건 좀 더 빨리해도 되겠다'라고 생각하는 부분이 있나요?

_____ 몇 가지 있는데, '대화'도 그렇죠. 사람들의 대화를 듣고 있으면 '좀 더 짧게 말할 수 있을 텐데'라고 생각할 때가 많아요. 특히 업무상 대화에서요.
일에 있어서 대화는 기본적으로 상대에게 정보를 전달하는 것이 주목적이죠. 정보를 정말 알기 쉽게 요약해서 말하면 10분 걸렸던 이야기가 3분 만에 끝나요. 그럼 7분을 절약할 수 있죠.

요점을 알 수 없고 길게 늘어지는 회의가 있기도 하잖아요. 그런 회의에 테라오 씨가 참석한다면 직원들에게 어떤 식으로 조언을 하나요?

_____ 글쎄요…, "무슨 말인지 이해가 잘 안 가는데요"라거나 "조금만 크게 말씀해주세요", 아니면 "아까랑 같은 이야기인 것 같은데?" 혹은 "결론부터 말해주세요"라는 말도 자주 해요. 보통은 생각이 정리되어 있지 않고 이야기가 두서없는 경우에 그렇죠.

근데 이런 말을 자주 해서 그런지 제가 참석하는 회의에서는 말을 길게 늘어지게 하는 사람이 없어졌어요.

비즈니스맨은 대부분 일에 가장 많은 시간을 할애하는데, 그 가운데서도 회의나 미팅 등에서 의견을 나눌 때가 많잖아요. 그런 의견을 나누는 시간을 짧게 줄이면 작업시간이 늘어날 테고, 그럼 좋은 성과를 낼 수 있겠죠.

○ 노트는 사용하지 않는다

참, 테라오 씨는 노트를 사용하고 있나요? 일정이나 자기관리, 라이프로그로서 종이로 된 노트를 사용하고 있는 사람이 많잖아요.

_____ 노트는 사용하지 않아요.

그럼 그날의 일정 확인은 그룹웨어로 하나요?

_____ 네, 하루하루가 회의로 가득 차 있죠.

해야 할 작업을 리스트로 만든다든가 하는 테스크 관리는 하고 있나요?

_____ 아뇨, 그것도 안 해요. 해야 할 일은 직감에 맡기는 편이에요. 중요도를 기준으로 우선순위를 정해서 하나하나 처리합니다. 항상 일에 대해 생각하고 있기 때문에 리스트로 만들지 않아도 전부 파악하고 있어요.

노트에 일정이나 할 일을 세세하게 적어두는 방법의 의미를 부정하는 것은 아니지만, 시간 활용법이라는 의미에서 저는 프리스타일을 추천합니다. 안 그래도 온갖 규칙으로 가득한 세상에 자신에게마저 룰을 만들어서 얽매일 필요는 없잖아요.

마지막으로 '시간이 없다'라며 한숨짓는 비즈니스맨에게 조언을 해주신다면?

_____ 만약 시간이 없어서 손 쓸 수 없는 상황이라면, 정말 사방에서 위기가 몰려온다면 활동을 쉬면 돼요. 그걸로 마음의 병을 키워서는 안 됩니다. '일단 살아야겠다'라고 생각하고 활동을 잠시 접어야 해요.

우려와는 달리 활동을 쉬어도 의외로 괜찮은 경우도 많이 있으니까요.

_____ 맞아요. 거의 모든 경우에 아무 일도 일어나지 않아요. 우리들은 대부분 책임감이 너무 강해요. 아무것도 안 해도 어떻게든 될 때도 있고, 다른 사람이 백업해줄 수도 있잖아요. 자기 자신을 괴롭히지 말고 즐겁게 일했으면 좋겠어요.

PART 14

즐거움

'즐거울 낙'에는 두 가지 의미가 있다.
나는 '편안함'보다 '즐거움'을 선택했다

"좀 더 편한 일을 하고 싶다."

일에 치이다 보면 이런 불평을 하기 마련이다. 하지만 정말로 편한 일을 하고 싶은가? 그 일이 재미없는 일이라도 상관없는가? 일에 대한 보람이나 만족감을 생각하면 편한 일을 하고도 스스로 기뻐할 수 있을까 하는 의문이 든다. 매일매일 최선을 다해 살고 있는 테라오 겐에게 '편한 일'에 대해 물었다. '즐거울 낙(樂)이라는 한자에는 반대되는 두 가지 의미가 있다'고 말하는 테라오 겐. 그의 견해를 들어보았다.

○ ○ ○

○ ○ ○

○ ○ ○

"인원이 줄면서 한 사람당 업무량이 늘어나 이제 한계에 달했다. 편한 부서, 편한 일을 하고 싶다"
직장인들로 북적이는 이자카야에 가면 옆 테이블에서 종종 이런 이야기가 들려와요.

_____ 제 주위에는 없지만, 그런 사람이 많은가 보네요. 근데 정말 편한 일을 하고 싶나요?

그럼요! 바쁘고 힘들다 보면 역시 편한 업무로 옮겨가고 싶다는 생각이 들죠. 제가 이상한가요…?

_____ 그렇군요. 저는 '즐거울 낙樂'에 대해 이렇게 생각해요.

즐
거
움

'낙'이라는 한자, '편하다'라는 뜻도 있고 '즐겁다'라는 뜻
도 있죠. 하지만 이 두 가지는 정반대의 의미라고 생각합
니다.
편할 때는 대체로 즐겁지 않고, 즐거울 때는 대체로 편하
지 않죠.

편해지면 즐겁지 않다고요?

_____ 휴일에 집에서 뒹굴뒹굴하며 보내는 것이 편할지
는 몰라도 심심하고 따분하잖아요. 즐겁지 않죠.
한편 아침부터 밤까지 가족이나 친구들과 레저 시설에서
시간을 보낸다면 어떨까요? 시간과 돈, 체력을 쓰기 때문
에 절대 편하지만은 않아요. 꽤 피곤한 일이지만 무척 즐
겁죠.
일도 마찬가지예요. 편한 일일수록 따분해요. 보람이 없
죠. 실제로 '즐겁다'라고 느끼는 일은 대부분 '힘들었지만
해냈다', '고생스러웠지만 큰 성과를 냈다'는 일이잖아요?

○ '편하고 즐거운 일'은 없다

듣고 보니 그렇네요. 재밌었던 일을 떠올려보면 힘들게 해낸 일이 더 많은 것 같아요. 그러니까 양쪽이 공존하는 '편하고 즐거운 일'이란 없는 거군요.

_____ 편하고 싶은가, 즐기고 싶은가.

이건 다양한 상황에서 자문할 수 있는 질문인데, 어느 쪽을 선택해도 상관없어요. 다만 일단 선택을 했다면 다른 한쪽은 완전히 포기해야 해요. '편함'을 선택했다면 따분해도 불만을 말하면 안 되죠. '즐거움'을 선택했다면 힘들다고 우는소리를 하면 안 된다는 말입니다.

당연히 테라오 씨는 '즐거움'을 선택한 거죠?

_____ 저는 '편함'을 100% 포기한 상태죠. 인생을 최대한 즐기고 싶으니까요.

우리가 살아가는 세계는 엄청나잖아요. 멋진 하늘과 바다, 맛있는 음식과 물이 있죠. 책이나 영화도 멋지고요. 잘생긴 사람도 있고 능력이 뛰어난 사람도 있어요. 물론 싫은 사람도 있긴 하지만, 이 세상은 가능성으로 가득 차

즐
거
움

있고 눈부시게 빛나고 있죠. 그러니까 저는 인생을 즐기지 않으면 손해라고 생각해요.

○ 중학교 2학년 때 어머니를 떠나보내고

_____ 저는 중학교 2학년 때 어머니를 잃었는데, 그때 생각했어요. '사람은 반드시 죽는다. 나도 마찬가지다. 이런 사실 앞에 나는 무엇을 생각하고 무엇을 해야 하는가.'

우리의 미래에 유일하게 약속된 것은 죽음이라는 형태로 이러한 나날들이 반드시 끝난다는 사실뿐입니다. 죽음을 언제 맞이할지는 모르죠. 당장 내일일 수도 있고요.

물론 장래 계획을 세우는 것도 좋아요. 준비를 꼼꼼하게 해둘 필요가 있을지도 모르죠. 하지만 저는 항상 '오늘'을 인생의 정점으로 삼고 싶어요. 하루하루가 결전의 날이라고 생각하기 때문에 '오늘 큰 성과를 내야 한다', '오늘 최선을 다해야 한다'라는 마음으로 모든 일에 임합니다.

그렇게 살아가기 때문에 하루하루 엄청 피곤해요(하하). 하지만 최고로 즐거운 인생을 살고 있다고 단언할 수 있죠.

○ '좋아하는 마음'이 무엇보다 중요하다

저도 그렇게 단언할 수 있는 인생을 살고 싶네요.

_____ 인생을 즐겁게 살기 위해서는 '좋아하는 일(하고 싶은 일)'을 하는 것'이 중요해요. '싫어하는 일'의 경우 즐거워질 리가 없고 '즐거움'에 반드시 동반되는 '힘듦', '고생스러움'도 이겨낼 수 없죠.

좋아하는 일을 못 하고 있는 비즈니스맨이 많아요. 등 떠밀려서 마지못해 일하는 사람도 있고요.

_____ 좋아하는 일을 못 하고 있는 것은 스스로 일을 만들지 못하기 때문일지도 몰라요. 매일같이 상사가 시키는 일을 겨우 해내는 상황에서 좋아하는 일을 한다는 것이 쉽지는 않잖아요.

주체적으로 움직여서 스스로 일을 만들어낼 때 비로소 좋아하는 일을 할 수 있는 게 아닐까요? 그런데도 좋아하는 일을 할 수 없다면 이직하거나 창업을 하면 돼요. 좋아하는 일을 하려면 그 정도 각오는 필요합니다.

더 자세히 듣고 싶은데요, 그 외에도 좋아하는 일을 하기 위해서 가져야 할 관점이나 사고방식이 있을까요?

_____ 즐거운 인생을 살고 싶다면 '좋고 싫은 일'만큼이나 '잘하고 못하는 일'도 의식하고 있어야 합니다.

약점을 극복하고 싶어서 일부러 잘 못하는 일을 하려고 드는 사람이 있는데, 그렇게 하면 성과를 내기 어려워요. 성과를 못 내면 스스로 발전이 없다고 느끼게 되고, 좋은 기회를 얻기가 점점 힘들어집니다.

잘 못하는 일을 하기보다는 잘하는 일을 더욱 열심히 하는 편이 낫죠. '좋아하고 잘하는 일을 하는 것'이 최고라고 생각합니다.

자신이 뭘 잘하고 뭘 못하는지 모르는 사람이 많아요. '자신'을 제대로 파악하지 못한 거죠. 자신에게 가장 중요한 것은 '나 자신'인데도요.

○ '자아 찾기'가 아니라 '자기 시험'

_____ 유일하게 자유자재로 다룰 수 있는 건 자기 자신이에요. 그러니까 현 시점에서 자신의 '성능'이나 잠재력이 어느 정도인지 제대로 파악하고 있어야 합니다.

저는 다른 사람에 비해서 스스로 성능 확인이나 검증을 꽤 하는 편이에요. 물건을 만들 때 반드시 제품의 내구성 시험을 하는 것처럼, 자기 자신에게 다양한 부하를 걸어서 무엇이 어디까지 가능한지, 얼마나 버틸 수 있는지를 시험하는 거죠. 그렇게 하면 자기 자신이 제대로 보이기 시작해요.

세상에는 '자아 찾기'라는 말이 있지만, 있을지 없을지도 모르는 자신을 찾는 것은 시간 낭비 아닌가요? 해야 할 일은 '자아를 찾는 것'이 아니라 '자기를 시험하고 알아가는 것'이라고 생각해요.

'자기 시험'이군요. 자아 찾기보다는 훨씬 중심이 잡혀 있는 느낌이에요. 좋네요. 자기 시험이라는 말이요.

_____ 자신을 시험하고 자기 자신을 알아간다. 그리고 또

다시 자신을 시험한다. 그것을 반복하는 거죠. 그렇게 생
각하면 자신을 깊게 이해하기 위해서 하드코어한 인생을
사는 편이 좋은 것 같기도 하고요.

편한 삶을 살면 안 되겠어요. 자신을 시험할 기회가 줄어들 테니까요.

_____ 맞아요. 그래서 저는 '편함'을 100% 버렸습니다.

PART 15

괴로움

힘들 때는 거리를 두고,
깊이 생각해서 대책을 찾아낸다

○ ○ ○ ○ ○

○ ○ ○ ○ ○

○ ○ ○ ○ ○

○ ○ ○ ○ ○

○ ○ ○ ○ ○

요즘 마음의 병으로 힘들어하는 사람이 늘고 있다. 일본 후생노동성의 조사에 의하면 2014년 우울증이나 조현병 등 정신질환을 겪는 환자 수는 사상 최대인 약 400만 명에 달한다고 한다. 마음이 힘들면 일에 집중할 수 없고 결국 실패하고 만다. 실패하면 더욱 불안함을 느끼고 또다시 실패하는 악순환에 빠지기도 한다. 그렇게 되지 않기 위한 대처법은 없는 걸까?

누구나 일에 대한 고민이나 스트레스로 마음이 힘들어질 때가 있을 거예요. 테라오 씨는 그럴 때 어떻게 대처하세요?

_____ 그런 상황에서 가장 좋지 않은 것은 괴로움에 익숙해지는 겁니다. 인간은 무엇에든 적응해 버리는 생명체이기 때문에 괴로움에도 금세 익숙해지거든요. 그렇게 되면 계속해서 괴로운 삶을 살게 되죠. 일도 마찬가지예요. 괴로운 상태에서 적극적으로 빠져나오지 않게 되는 거죠.

괴
로
움

○ 우선, 거리를 둔다

_____ 그러니까 힘들다고 느끼면 우선은 괴로움의 원인이라고 여겨지는 것에서부터 '거리를 두는 것'이 좋아요. 찬반양론이 있을 테지만, 저는 술을 마시고 완전히 취한 상태가 됩니다. 일단 그렇게 거리를 두고 냉정해지도록 노력해요.

마음이 힘들 때는 냉정함을 잃게 되죠. 그럴 때 필요한 것은 거리를 두고 '시간'을 들여서 그 문제를 바라보는 거예요.

'거리를 둔다'라는 것은 의식을 다른 쪽으로 돌리는 건가요?

_____ 그것도 그렇지만, '차단하는 것'에 가까워요. 너무 힘들 때는 그렇게 하지 않으면 버틸 수 없어요. 저에게는 몇 년에 한 번 정도 그런 상황이 찾아오는데, 몇 달 동안 계속해서 술을 마시며 생각에 빠질 때도 있죠.

ㅇ 죽어도 찾아내겠다는 마음가짐

그 기간 내내 어떤 생각을 하나요?

_____ 마음이 힘들 때는 냉정함을 잃은 나머지 괴로움의 원인을 파악하지 못할 때가 많아요. 원인을 찾지 못하면 가설도 세울 수 없고 해결 방법도 찾을 수 없죠. 그러니까 우선 '이렇게까지 힘든 이유가 뭘까'에 대해 생각해야 합니다.

생각에 빠질 때는 다양한 시점으로 원인을 찾아야 해요. 그것도 아주 철저하게요. 지금 내가 최선을 다해 도출할 수 있는 것은 이 원인과 가설, 대책이라고 자신 있게 말할 수 있을 정도로요. 그야말로 죽어도 찾아내겠다는 마음으로 해야 합니다. 계속 괴로운 상태로 지내기는 싫으니까요.

○ 괴로움의 원인은 대부분 인간관계에 있다

보통 원인은 어떤 건가요?

_____ 마음이 힘들어지는 원인은 대부분 인간관계예요. 그건 특정한 사람일 때도 있고 그보다 넓은 범위, 즉 고객일 때도 있어요. 그렇게 인간과의 관계가 좀처럼 해결되지 않고 괴로울 때가 많죠.

뮤지션이었을 때는 제 음악이 청중에게 받아들여지지 않는 것 때문에 고민했습니다. 어째서 알아주지 않는 것일까, 다들 머리가 어떻게 된 게 아닐까, 하고요.

하지만 머리가 이상한 건 저 자신이었죠. 스스로 어리석음을 깨달을 때까지는 시간이 필요해요.

냉정함을 잃으면 다른 사람 탓을 하기 쉽죠. 머리로는 이해가 가도 받아들여지지 않을 때가 종종 있어요.

_____ 인간관계에서 오는 괴로움은 감정적인 면이 있어서 논리적으로 생각해도 해결되지 않을 때가 많아요. 머릿속으로 명확하게 언어화해서 정리하고, 제대로 이해한 뒤에 행동에 옮기는 것이 중요합니다. 그렇게 하려면 깊

이 생각할 수밖에 없죠.

거리를 두고 시간을 갖기 위해 술에 흠뻑 취해 있다고 말씀하셨는데, 당연히 다른 방법으로 해도 괜찮다는 말이죠?

_____ 사람마다 자신에게 맞는 방법을 선택하면 돼요. 보통 마음이 괴로울 때 어떻게 하시나요?

저도 술을 마실 때가 있긴 하지만 대부분 집에서 애완견과 시간을 보내요. 그 시간만큼은 다른 세상에 있는 것 같죠(하하).

_____ 그것도 좋은 방법이네요. 반드시 자신에게 맞는 방법이 있기 마련이니 그것을 찾아야 해요. 그걸 스스로 알고 있는가가 중요하죠.

자기 나름의 대처법을 알아두면 힘든 상황에서 조금 냉정해질 수 있겠네요.

_____ 계속 고통스러워하다가 괴로움에 익숙해지지 않도록 주의해야 해요. 거리를 두고 냉정함을 되찾아서 깊이 생각한 뒤에 가장 좋은 대책을 끌어내는 것, 그게 가장 중요합니다.

괴
로
움

칭찬 한마디에
사내 카메라맨이 되다

어떻게 입사하게 되었나요?

다카노 전에는 디자인 회사에서 스마트폰이나 화장품 등을 디자인했어요. 2011년 즈음 그 회사에서 디자인을 계속할지 이직할지 창업할지 고민하고 있을 때 인터넷에서 발뮤다에 관한 기사를 접했어요.

재밌는 회사라고 생각하며 읽고 있었는데 그 기사 하단에 발뮤다의 '디자이너 모집' 공고가 있었어요. 그래서 도전해 봤죠.

면접은 어땠나요?

다카노 금세 결정이 났어요. 포트폴리오(작품집)를 정리해서 출근 전에 이메일로 보냈더니 오전 중에 전화가 걸려 와서는 언제 면접 보러 올 수 있냐고 묻더라고요. 면접 보러 가서 직원분과 담소를 나누고 있는데 테라오 대표님이 나타나서

"좋아. 합격"이라고 하셨죠. 그러더니 언제부터 출근할 수 있냐고 물으셨어요. 전 직장을 그만둔 상태도 아니었는데 말이죠. 무척 놀랐지만, 대표님의 대범한 결정력에 매력을 느꼈어요.

포트폴리오를 보고 거의 결정을 해뒀던 거네요. 그 후에 첫눈에 됨 됨이를 보고 'OK!'라고 생각한 게 아닐까요? 입사 후에는 어떤 일을 했나요?

<u>다카노</u> 프로덕트 디자이너로 입사해서 2012년 이후에 출시된 거의 모든 제품을 디자인했어요. 입사한 첫날 "한동안 제품 디자인과 동시에 애플리케이션 화면을 만들어야 하는데, 괜찮겠나?"라는 말을 들었죠.

당시 개발하고 있던 스마트히터SmartHeater와 가습기 레인Rain 은 스마트폰 애플리케이션에서 원격조작할 수 있는 기능이 있었어요. 그 애플리케이션의 화면 디자인을 하라는 말이었죠. 애플리케이션 디자인은 처음이었지만 입사할 때 "이것 저것 다 할 수 있습니다"라고 말해둔 상태였기 때문에 못하겠다고는 말할 수 없었어요. 처음에는 호되게 지적도 많이

받았습니다.

조작 화면은 사용감을 좌우하기도 할 텐데, 테라오 씨는 디자인에 타협하지 않잖아요?

다카노 지금도 여전히 지적을 당하고 있지만, 대표님은 알기 쉽게 설명하고 지적하기 때문에 받아들이기도 쉽죠. "이런 느낌으로"라고 설명하니까 '그림'을 떠올리기 쉬워요. 이건 글로 전달할 때도 마찬가지였어요.

그리고 이런 형태로 만들어달라고 강요하는 게 아니라, "OO을 실현하려면 어떤 형태로 만들어야 하나?"라고 디자이너의 가능성을 끌어내는 대화법을 사용하는 것도 정말 감사하게 생각하는 부분이에요.

세상에는 '두말 말고 고쳐내라'라고 말하는 상사도 있죠. 명확하게 설명해준다면 호된 지적이라도 받아들일 수 있겠네요.

다카노 그렇죠. 그리고 본인은 의식하고 있는지 모르겠지만, 대표님은 사람을 그럴 마음이 생기도록 유도하는 것도 참 잘해요.

언젠가 저를 포함해서 디자인팀 세 명이 대표님께 불려갔었어요. "다들 소재에 대한 의식이 조금 무른 거 아닌가? 오늘은 밖으로 나가서 이것저것 소재를 카메라로 찍어 와서 보여주지"라고 하셨죠.

그래서 세 명이 함께 밖에 나가 2~3시간 정도 돌아다니며 사진을 찍어왔어요. 약속대로 대표님에게 제 사진을 보여드렸더니 "다카노 씨는 사진을 잘 찍네. 이런 감성이라면 찍을 만하겠어"라고 하셨어요. 그때부터였죠. 제가 사내 카메라맨도 맡게 된 겁니다. 발뮤다의 제품 사진과 이미지 컷, 토스트 요리 사진 등도 전부 제가 찍게 되었어요.

네? 갑자기요? 전문 카메라맨이 찍었을 거라고 생각했어요. 사물을 찍을 때는 빛을 비추는 방법이나 노출 등 꽤 섬세한 기술이 필요하잖아요. 전문가급 기자재도 필요하고요.

<u>다카노</u> 맞아요. 2주에 걸쳐 주말에 전문가들의 촬영모임에 참가해서 필요한 기자재나 촬영법을 배웠어요. "왜 이런 것을 해야 하나요?"라는 기초적인 질문부터 시작해서, 독학으로 연습을 거듭하며 습득했어요.

설마 카메라맨 업무를 맡을 거라고는 상상도 못 했겠죠?

다카노 전혀 생각도 못했죠(하하). "다카노 씨, 잘 찍으니까 해봐요. 가능성을 가지고 있으니까"라는 칭찬을 듣고 도전해봐야겠다는 생각이 들었어요. 물론 디자인을 이해하고 있는 사람이 제품을 촬영하는 것은 메리트가 있긴 해요. 디자인에 관여했기 때문에 '제품의 이 부분에 음영을 주면 멋지게 찍힌다. 디자인의 포인트는 여기다' 하고 생각하며 찍을 수 있으니까요.

사진을 사내에서 찍는다고 말하면 다들 놀라요. 토스터 같은 주방제품 전반의 레시피도 전문 요리연구가나 푸드 코디네이터에게 맡기는 것이 아니라 요리를 잘하는 직원이 맡고 있어요. 그 사람도 저처럼 소질이 있으니 해보라는 대표님 말에 시작했다고 하더라고요.

전부 전문가 수준으로 보여요. 그걸 해내는 다카노 씨도 굉장하지만, 장점을 발견해서 해보라고 권유하는 테라오 씨의 '사람 보는 눈'도 놀랍네요.

다카노 대표님 자신이 이것저것 다양한 경험을 해왔고 사람의 가능성에 대해 의심이 없기 때문일 거예요.

디자이너로서 힘들었던 디자인이 있다면?

다카노 저희 팀에서는 매번 2,000건 이상 스케치를 그려서 디
자인을 좁혀가기 때문에 사실 관여하고 있는 모든 제품이 힘
들어요.

예를 들어, 항아리 같은 디자인의 가습기 레인은 본체의 곡
선 부분이 섬세해서 소수점 몇 밀리미터 차이로 하이라이트
나 그림자의 형체가 달라집니다. 그런 근소한 차이를 검토하
면서 최종안을 여섯 개까지 좁혀갔지만 전부 훌륭해서 고를
수가 없어요. 결국 사장님이 A~F까지 쓴 육각 연필을 굴려
서 결정했죠(하하).

인기상품이 된 발뮤다 더 토스터도 고심을 많이 했어요. 그
때까지만 해도 부엌에 두는 제품을 만들어본 적이 없었기 때
문에 공기청정기나 가습기와는 달리 디자인 언어가 필요했
어요.

유명한 빵집에 부탁해서 빵 굽는 모습을 지켜보기도 하고 빵
을 주식처럼 먹는 프랑스의 빵집을 조사하기도 했어요. 애니

메이션 영화 《마녀 배달부 키키》에 나오는 석탄을 넣어 불을 지피는 아궁이도 참고하면서 '맛있는 것이 만들어질 것 같은 분위기'를 집중적으로 연구했습니다. 그래서 지금의 디자인이 됐다고 말할 수 있죠.

토스터의 다이얼을 돌리는 감촉이나 소리도 너무 좋아요.

<u>다카노</u> 사실 그 부분도 디자인팀이 신경을 많이 썼어요. 보이는 부분 이외에도 사용자의 체험에 직결되는 부분은 디자인팀이 담당하기 때문이죠. 다이얼의 감촉은 '조금 단단하다', '조금 부드럽게' 이런 식으로 다양한 검토를 거쳐서 결정했어요. 구워지기를 기다리는 동안 '치! 치! 치!' 하고 나는 소리도 엔지니어가 만들어준 전용 소프트웨어를 사용해서 저희가 조절했죠.

이런 경험은 조작할 때 기타 소리가 나는 전자레인지, 발뮤다 더 레인지에도 적용되었어요. 토스트를 굽고 있는 시간도, 전자레인지로 요리를 데우고 있는 시간도, 고객의 체험이 되니까요. 저희도 이렇게 세세한 부분까지 신경 쓰는 것이야말로 발뮤다다운 것이라고 생각하고 있죠.

PART 16

협 력

포기하지 않고 진심으로 임하면,
반드시 협력자가 나타난다

흔히 '인간은 혼자 살아갈 수 없다'고 말한다. 일도 마찬가지다. 혼자서 할 수 있는 일에는 한계가 있다. 우리는 매일 다양한 사람과 협력하며 살아간다. 그만큼 누군가와의 만남은 소중하다. 그렇다면 '만남이나 협력'에 대해 테라오 겐은 어떻게 생각하고 있을까? 지금껏 신세를 진 은인은 어떤 사람들이며 어떤 도움을 받았을까? 그의 이야기에는 '운명적인 만남'을 만드는 법칙이 숨어 있었다.

○ ○ ○

○ ○ ○

○ ○ ○

"인간은 혼자 살아갈 수 없다"라는 말이 있잖아요. 타인과 협력하며 살아가려면 어떤 점에 주의해야 할까요?

_____ "인간은 혼자 살아갈 수 없다"라…. 젊은 시절의 저였다면 전혀 와닿지 않는 말이었을 거예요. 20대 때는 세계를 무대로 활약하는 록스타가 될 거라고 믿고 음악 활동을 했었죠. 당시에는 스스로 천재라고 생각하기도 했고 운도 따른다고 믿고 있었기 때문에 타인의 도움 같은 건 필요 없다고 생각했어요.

젊은 시절에는 자신이 대단한 사람인 것 같고 뭐든지 할 수 있다고 생각하니까요.

협
력

_____ 아무리 젊었다고는 해도 참 바보 같았죠. 세상이 나를 중심으로 돌아간다고 생각했으니까요. '이렇게 잘난 내가 노래를 부르고 있다' 하면서요.

물론 지금은 그렇게 생각하지 않아요. 지금의 제가 있는 건 협력해준 많은 사람이 있었기 때문이죠. 인생은 '누군가와의 만남'으로 크게 바뀝니다. 인간은 혼자서 살아갈 수 없기 때문에 만남을 소중히 여겨야 합니다.

。 은인과의 만남

테라오 씨의 인생에 있어서 인상적인 만남에 대해 듣고 싶어요.

_____ 이제껏 저는 많은 사람에게 신세를 져왔죠. 은인과 만나지 못했다면 저와 발뮤다는 지금 이 자리에 없었을 거예요.

발뮤다 창업 전에 신세를 졌던 곳은 도쿄 고가네이시에 위치한 가스가이 제작소였어요. 스물여덟 살 때 음악 활동을 접고 생소한 제품 제조의 길로 전향한 저는 실제 제작현장을 보고 배우기 위해 집 주변에 있는 동네 공장을 돌아보기로 했죠.

하지만 어딜 가도 문전박대였어요. 머리를 노랗게 물들인 초짜가 "견학시켜주세요"라고 부탁해봤자 흔쾌히 허락해주는 공장은 없었으니까요.

그렇지만 저는 포기하지 않았어요. 닥치는 대로 공장을 돌아다녔고, 그러다가 가스가이 제작소와 만나게 되었죠.

금발 머리의 테라오 씨라···. 문전박대당하는 것도 이해는 가네요.

_____ 맞아요(하하). 그렇지만 가스가이 제작소의 장인들

협
력

233

은 저에게 현장을 보여줬을 뿐만 아니라 공짜로 기계 사용법과 가공기술을 알려주셨어요. 게다가 사용하지 않는 기기를 마음껏 사용하도록 허락해주셨죠.

도량이 크다고 해야 할까, 멋진 분들이네요.

_____ 저는 매일 그곳을 드나들면서 제품 제조업의 기반을 닦았어요. 가스가이 제작소와의 만남이 없었다면 발뮤다는 없었을지도 모르죠.

˚ 도산 직전의 위기를 구해준 사람

_____ 그 외에도 있어요. 리먼 쇼크의 영향으로 제품 수
주량이 줄어 도산 직전까지 몰렸던 발뮤다를 구해준 은
인, 모터 제조회사 사장이었던 마루야마 추사쿠라는 분입
니다.

당시 저는 빈사지경에 있던 발뮤다의 기사회생 대책으로
자연의 바람을 구현하는 차세대 선풍기 그린팬의 디자인
과 설계를 거의 마친 상태였죠. 하지만 상품화하기 위한
최종 시작품의 제작비와 초기비용이 없었어요.

그것 참 답답했겠네요.

_____ 그렇죠. 거의 다 만들어놓고 완성을 못하고 있었으
니까요.

여러 은행에 융자를 받고 이런저런 조성금 제도를 신청
했지만, 충분한 자금을 조달할 수 없었어요.

온갖 방책을 다 쓴 벼랑 끝 상황에서 그린팬에 매력을 느
껴 힘이 되어 준 사람이 바로 마루야마 씨였습니다. 시작
품의 바람을 쐬고 깊이 생각에 잠기시더니 "바람이 좋네

요"라고 하시던 모습이 아직도 기억에 생생해요.

그 후로 마루야마 씨는 자금뿐만 아니라 기술 면에서도 그린펜의 상품화에 많은 협력을 해주셨어요. 저는 지금껏 마루야마 씨만큼 결단력이 있고 호쾌하고 기분 좋은 사람을 만난 적이 없어요.

○ 만남은 '운'이 아니다

운명적인 만남이네요.

_____ 두 분이 어째서 저를 도와주셨을까요? 직업도 없는 저와 결혼한 아내도, 발뮤다에 입사한 직원들도 그래요. 그들이 협력해준 요인은 무엇일까? 어렴풋하게나마 제가 생각해낸 답은 이렇습니다.

하나는 포기하지 않는 힘, 즉 '노력'입니다. 누군가를 끌어들여 커다란 일을 달성해내기 위해서는 노력이 필수죠. 저는 애초에 훌륭한 사람과의 만남은 '운이 좋기 때문'이라고 생각했어요. 하지만 누군가에게 '그건 행운이 아니라 만날 때까지 계속해서 찾아냈기 때문'이라는 말을 들었는데, 듣고 보니 일리가 있다고 생각했어요.

저는 협력자가 좀처럼 나타나지 않아도 절대로 포기하지 않고 계속해서 찾아다녔어요. 그래서 결국 찾아낸 거죠.

운명이라기보다는 테라오 씨가 스스로 붙잡은 필연적인 인연인 거네요.

_____ 그러니까 세상에 운이라고 불리는 것은 '노력하지

협
력

237

않는 사람'에게는 절대로 돌아가지 않아요. 노력에 대해서는 그 '목적'도 중요한데, 가령 '부자가 되고 싶다'라는 자신의 욕망을 위해 노력하고 있는 사람은 타인의 협력을 얻기 어려워요. 사람은 '인간을 위해', '누군가를 위해' 노력하는 이에게 아낌없이 협력한다는 사실을 잊지 말아야 합니다.

협력을 얻기 위해서는 최종적으로 '진심'이 결정적인 요소가 되죠. 간절한 염원이나 마음이 있는 사람은 무언가를 할 때 최선을 다해요. 그 진심은 누구든 예외 없이 느낄 수 있어요. 그렇게 사람의 마음은 움직이는 거죠.

포기하지 않고 인간을 위해 진심으로 무언가를 하려고 든다면 분명 누군가가 협력해줄 겁니다. 아니, 다들 그냥 보고만 있진 않을 거예요.

PART 17

동료

긍정적이고 강인한 집단은
어떤 일이라도 해낼 수 있다

"무엇을 하는가보다 누구와 하는가가 중요하다". 벤처 회사를 창업할 때 종종 듣는 말이다. 그만큼 '동료'는 중요하다. 그렇다면 특유의 감성과 강력한 리더십으로 발뮤다를 이끌고 있는 테라오 겐은 어떤 관점으로 동료를 모으고 있을까? 테라오 겐에게 채용 면접에서 어떤 부분을 중시하는지 물었다. 그의 대답에는 발뮤다 강점의 비밀, 그리고 이직을 원하는 사람에게 도움이 되는 정보가 담겨 있었다.

○ ○ ○

○ ○ ○

○ ○ ○

발뮤다 직원은 현재 110명이라고 들었는데, 같은 목표를 향해 달려갈 '동료', 즉 새롭게 가담할 직원을 어떤 기준으로 채용하고 있나요? 특히 '이 점만은 반드시 이래야 한다'라는 것이 있으면 알려주세요.

_____ 글쎄요, 채용 면접에서 제가 가장 중요하게 보는 점은 '긍정적인지' 여부입니다. 긍정적인 사람이 무언가에 성공할 확률이 높으니까요.

○ 긍정적인 사람이 성공확률이 높다

_____ 예를 들어, 오늘 점심으로 메밀국수를 먹고 싶어서 회사를 나선다고 칩시다. 하지만 그 국숫집에 가본 적도 없고 오늘 영업을 하는지 어떤지도 몰라요. 그럴 때 긍정적인 사람은 '뭐, 일단 가보자'라는 생각으로 그곳에 가기는 가겠죠. '영업을 안 하고 있으면 다른 식당에 가면 되니까'라면서요.

반면 부정적인 사람은 '쉬는 날일지도 모르니 자주 가는 식당으로 가자'라며 그 식당을 피합니다. 사실은 메밀국수를 먹고 싶은데도 말이죠.

여기서 알 수 있는 것은 긍정적으로 생각해서 일단 메밀국숫집에 가는 사람이 메밀국수를 먹을 확률이 높다는 점이죠. 부정적으로 생각하고 그 식당에 가지 않으면 확률은 말할 것도 없고 그날 메밀국수는 못 먹는 거니까요.

어떤 일이 생길지 모르는 상황에 놓였을 때 긍정적인 사람과 부정적인 사람 사이의 성공확률은 크게 달라집니다. 긍정적인 사람은 우선 '할 수 있다', '어떻게든 된다'라는 마음가짐으로 시작하니까요.

ㅇ 채용 시 어떻게 판별하는가?

긍정적인 사람이 더 많은 기회를 얻을 수 있겠네요. 일이 잘 풀리지 않아도 긍정적인 마음가짐으로 실패를 밑거름 삼아 다음 단계로 나아갈 수 있을 테고요. 반면 부정적인 사람은 기회를 잡기 어려울 뿐만 아니라 마지못해서 행동하니 일이 잘 풀리지 않으면 남 탓을 하고 스스로 성장을 할 수 없는 거죠. 일에서도 마찬가지로 긍정적인지 부정적인지에 따라 결과가 크게 달라질 수 있겠네요.

_____ 제 나름의 분류는 '보통'을 가운데에 두고 끝에서부터 '매우 부정적', '부정적', '대체로 부정적', '보통', '대체로 긍정적', '긍정적', '매우 긍정적' 이렇게 일곱 가지로 나누는 거예요. 일반인 평균은 '대체로 부정적'이라고 생각하는데, 저는 '긍정적'이거나 '매우 긍정적'인 사람만 직원으로 채용해요. 어떤 일이든 '반드시 할 수 있다'라고 생각하는 사람들을 모으고 있죠.

뻔한 질문일 수도 있겠지만, 그 분류에서 테라오 씨 자신은 어디에 해당하나요?

_____ 당연히 '매우 긍정적' 그 자체죠(하하).

동
료

245

○ 긍정적·부정적인 성향을 구별하는 방법

그렇군요(하하). 채용할 때 긍정적인지 부정적인지 어떻게 구별하나요?

_____ 이야기하다 보면 알 수 있어요. 눈빛, 말투, 몸짓 같은 거로요. 긍정적인지 부정적인지 구별하기 위해 채용할 때 자주 하는 질문이 있는데, 그것을 여기서 말해버리면 면접 때 곤란해지니까…. 죄송합니다.

하지만 직접 '당신은 긍정적인 사람인가요? 아니면 부정적인 사람인가요?'라고 물어보는 것도 방법이에요. 그 질문으로 반응을 살피는 거죠.

ㅇ 강인함도 중요하다

그 외에 채용할 때 보는 점은 없나요?

_____ 그 밖에도 '강인함'이 중요하죠. 인간으로서의 강인함이요.

특히 리더의 역할을 맡을 인재를 채용할 때는 긍정적인 부분에 더해 강인함까지 봅니다. 힘든 상황에 놓여도 동요하지 않고 도망치지 않는 사람과 함께 일하고 싶으니까요.

면접에서 그런 강인함을 파악하는 방법이 있나요? 혹시 그것도 비밀인가요?

_____ 죄송해요. 사실 강인함을 파악하는 방법도 있지만, 여기에서는….

일에 있어서 위기 상황에 실제로 닥쳐보지 않으면 그 사람의 진정한 강인함을 알기는 어렵지만, 이야기하다 보면 어느 정도는 알 수 있죠.

첫 번째는 '긍정적', 두 번째는 '강인함'인 거네요.

_____ 긍정적이고 강인하다면 경험이 없어도 문제없어요. 그 후에 숙련하면 됩니다. 그런 사람은 실패해도 실패를 거름 삼아 앞으로 나아가기 때문이죠.

ㅇ 긍정적인 집단을 만든다

발뮤다는 긍정적인 직원들의 집합이군요.

_____ 맞아요. 예전에는 제가 신제품 기획을 주도했지만, 지금은 저 자신도 '이거, 나오면 사고 싶다'라는 마음이 들 정도의 좋은 상품 기획이 나오고 있죠.

앞으로도 그런 제품들이 계속해서 나올 테니 지켜봐 주세요.

원하는 인재는
함께 '전력 질주'할 수 있는 사람

발뮤다에는 어떻게 입사하게 되었나요?

야마카와 2013년 가을에 입사했어요. 전 회사는 공공 인프라 관련 상품을 취급하는 상사였는데 저는 인사, 경리, 재고관리 등 관리부문을 맡았었죠. 흔히 말하는 견실한 업계, 견실한 회사였죠.

그야말로 안정된 기업이었네요. 어째서 그만두게 되었나요?

야마카와 공공 인프라와 관련된 일을 하다 보면 아무래도 회사의 성장성이 나라의 예산 규모에 매여 버리게 마련이에요. 그래서 회사로서도 성장을 목표로 하기보다는 실패 없는 '안정'을 우선하는 분위기였죠. 문득 그런 회사에서 그냥저냥 일을 처리하며 하루하루 생활을 이어가도 될까, 하는 생각이 들었어요. 결국 스스로 후회하지 않는 삶을 살고 싶다는 생각에 이직을 결심했습니다.

이직을 결심했을 때 발뮤다의 존재를 알고 있었나요?

야마카와 아뇨, 몰랐어요. 당시에는 스마트폰 애플리케이션이나 게임을 만드는 회사가 정말 잘나가고 있을 때였죠. 그런 회사들이 직원을 점점 늘리고 있었기 때문에 제가 희망하는 인사업무 관련 구인도 많았어요. 하지만 저는 그런 회사에 그다지 매력을 느끼지 못했어요.

그러던 중에 발뮤다라는 회사를 알게 되었죠. 가전매장에서 발뮤다가 만든 그린팬을 봤어요. 흔히 봐오던 선풍기였는데도 전혀 다르게 보이더라고요. '디자인만이 아닌 무언가'가 전해졌다고 할까, 매력이 느껴졌어요.

채용 면접은 어땠나요? 테라오 씨의 첫인상은?

야마카와 1차 면접에 합격하고 2차 면접에서 테라오 씨와 만났는데, 첫인상은 '싸움을 정말 잘할 것 같은 사람'이었죠(하하). 테라오 씨와는 좋아하는 책에 관한 이야기나 일과 관계없는 이야기를 많이 나눴어요. 서로의 가치관에 관해 이야기했던 것 같아요.

면접에서 나눈 대화 중에 기억에 남는 이야기가 있나요?

야마카와 아, 이런 이야기를 했어요. 전에 다니던 회사는 나라의 예산 규모에서 어느 정도 수요예측을 할 수 있었기에 상품의 재고관리가 어렵지 않았어요. 가전제품을 취급하는 발뮤다는 수요예측이 어려워 보였기 때문에 어떤 식으로 하고 있는지 궁금했었죠. 그래서 주제넘지만, 테라오 씨에게 "재고관리에 실패하면 회사도 문을 닫게 되잖아요? 어떤 식으로 관리를 하시나요?"라고 물어봤죠.

테라오 씨는 뭐라고 대답했나요?

야마카와 '감'이라고 하셨어요(하하). 처음에는 놀랐지만, 곧 농담으로 한 말이 아니라는 것을 알게 됐어요. 아직 세상에 없는 제품을 만들어내는 것이니 머릿속으로 예상은 할 수 있어도 수요예측이나 재고관리 같은 건 세세하게 할 수 없으니까요. 과거 뮤지션 출신다운 발상이라고 생각해요. 록밴드가 자신들의 음악 수요예측 같은 걸 할 수 없는 것과 마찬가지인 셈이죠. 발뮤다도 '발뮤다만의 가치관이나 세계관'을 제품이라는 형태로 전하고 있다는 점에서 그의 말이 농담이 아니라는 것이 이해가 됐어요. 그렇게 생각했더니 '감'이라고 대답한 테라오 씨가 무척이나 성실한 사람으로 보이더라고요.

결국, 테라오 씨의 곧은 성품과 발뮤다의 가능성을 보고 이 회사라면 나도 전력 질주할 수 있겠다는 생각이 들어서 입사하기로 마음먹었죠.

야마카와 씨는 채용 면접에서 입사 희망자의 어떤 부분을 주로 보나요?

야마카와 '세련되고 멋진 회사'라는 겉모습만 보고 온 사람과는 함께 전력 질주할 수 없겠구나, 라고 생각하게 돼요. 발뮤다라는 회사나 제품 자체를 좋아하는 점도 물론 중요하지만, 저희가 가장 중요하게 여기는 점은 '정말 자기 머리로 생각하고 있는가'입니다. 테라오 씨는 그게 가능한 사람을 프로페셔널이라고 부르고 모든 직원이 그렇게 되길 바라고 있어요.

자신의 머리로 생각할 수 있는 사람이라는 건 어떤 사상에 대해 '어째서 그런가?'라는 질문을 던지고 가설을 끄집어낼 수 있는 사람을 말하죠.

테라오 씨로부터 '이런 걸 만들고 싶다'라는 말을 들었을 때도 스스로 생각해서 가설을 세우고 구상해낼 수 있는 능력이 필요해요.

특별히 선호하는 인재의 성품이나 성격이 있나요?

야마카와 인품에 대해서라면 솔직한가 아닌가를 보죠. 테라오 씨가 솔직한 사람이라서요. 동료에게 솔직하지 못한 사람과는 함께 즐겁게 일하기 어렵잖아요. 그리고 우리 회사에서는 긍정적이고 강인한 사람이 아니면 활약하기가 힘들어요.

면접에서 '강인함'이 느껴지는 사람이 의외로 드물어요. 이제껏 해온 일에 대한 에피소드를 듣고 있으면 자기 일에 대한 '책임감'을 느낄 수 없는 사람이 많거든요. '어떻게 해서라도 목적을 달성하겠다'라는 일에 대한 책임감이 없으면 발뮤다에 입사해도 활약하기 쉽지 않죠.

책임감이라는 관점에서 '나 하나가 뒤처지면 발뮤다라는 회사 전체가 뒤처진다'라는 마음으로 직원 한 명 한 명이 각자 맡은 바 책임을 다해 일하고 있다는 점이 발뮤다의 강점이라고 할 수 있습니다.

일할 때 힘든 점은 없나요?

<u>야마카와</u> 열악한 환경 속에서 전력 질주하기 때문에 직원들의 심리 케어 같은 부분도 중요합니다. 제가 입사한 이래로 발 뮤다는 항상 순풍에 돛단배처럼 좋은 날만 있었던 건 아니에 요. 힘든 시기도 있었죠. 실적이 좋지 않았을 때 다들 표정이 어두웠어요. 그럴 때는 아침에 가장 먼저 출근해서 사무실 입구에 있는 소파에 앉아 커피를 마시며 다들 어떤 표정으로 출근하고 있는지를 지켜봤어요. 많이 힘들어 보이는 사람이 있으면 "요즘 어때?"라고 말을 걸기도 하고, 혼자서 고민을 끌어안고 있지 않도록 주의를 기울였죠.

직원 수가 늘어나면 아무래도 하나로 단결하기 어렵잖아요. 그런 문 제에는 어떻게 대처했나요?

<u>야마카와</u> 테라오 씨는 평소에도 직원들에게 '어째서 발뮤다 가 존재하는가?', '우리가 중요하게 여겨야 할 점은 무엇인 가?'에 대한 이야기를 많이 하는데, 2017년까지는 문서로

정리한 것이 없었어요. 그래서 직원들 사이에 의견이 대립하면 '본래 우리는 무엇을 위해 여기에서 일하고 있는가'라는 점을 생각해볼 수 있도록, 테라오 씨와 함께 '발뮤다 더 필로소피'를 만들었어요. '비전'과 '미션', '중요한 것'(가능성/고객/체험가치/프로페셔널/정열)을 써서 사내 계단의 층계참에 커다랗게 붙여놨어요.

테라오 씨는 말을 매우 신중하게 하는 편이잖아요. 필로소피를 정리할 때 힘들지 않았나요?

야마카와 맞아요. "발뮤다는 인간에게 도움이 되기 위해 존재합니다", "우리 제품은 멋진 체험을 전하기 위해 존재합니다" 등의 이야기를 수도 없이 나눈 뒤에 결정했어요. 힘들었지만 만들어두길 정말 잘했다고 생각합니다.

PART 18

미 래

미래는
틀림없이 밝다

마지막 테마는 '미래'다. 인간은 미래를 어떻게 보고 있는가? 그것은 지금껏 살아온 삶이나 나이에 따라 각기 다를 수밖에 없다. 자신의 임종부터 역산해서 세세하게 인생 계획을 세우는 사람이 있는가 하면, 미래는 생각하지 않고 오늘이 마지막 날인 것처럼 매일매일 맹렬하게 살아가는 사람도 있다. 그런 누군가의 '미래를 보는 눈'은 때로 좋은 참고가 되기도 한다. 그렇다면 테라오 겐은 어떨까? 마지막으로 자기 자신과 발뮤다의 미래에 대해 어떻게 생각하고 있는지 물었다.

○ ○ ○

○ ○ ○

○ ○ ○

마지막으로 '미래'에 대해 물어보고 싶어요. 세상은 어떻게 될까요?
발뮤다는 어떻게 될까요? 테라오 씨는 어떻게 될까요?

_____ 죄송하지만, 미래에 대해서는 거의 생각하고 있지
않아요. 인생 계획 같은 것도 세운 적이 없고요.

사실 인생 계획은 저도 세워 본 적이 없어요. 다만 다들 '세우는 편이
낫다'라고 하더군요.

_____ 전에도 말했지만 '꿈'이라면 있어요. '무언가 사회
적인 움직임을 만들고 싶다'라는 이야기를 나누면서 시
작되었어요. 그 꿈을 실현하기까지 얼마나 걸릴지는 저도
모르겠어요.

'인생 계획을 제대로 세우는 편이 낫다'라는 사고방식에 대해서는 어떻게 생각하세요?

_____ 인생 계획을 세우고 싶다면 세우면 되죠. 하지만 그렇게 정했다고 해서 그대로 이루어지지는 않잖아요. 그리고 그런 것을 정해둘수록 인생은 따분해지지 않을까요? 어떻게 생각하세요?

가능성의 여지가 줄어든다는 말인가요?

_____ 맞아요. 언제 어떤 경우라도 가능성은 있으니까요.

혹시 과거를 돌아볼 때도 있나요?

_____ 가끔 떠올릴 때는 있지만 되돌아보는 느낌은 아니에요. 그때그때 고민하고 결단을 내리고 행동에 옮기는 것을 반복해왔을 뿐이라 지금까지의 인생에 있어서 후회는 전혀 없어요.
물론 하지 못한 일도 있었고 실패도 많이 했어요. 그것도 그 시점에서는 어쩔 수 없는 일이었죠. 목표를 너무 높게 잡았다거나 지식이 부족했다거나 그런 것이 원인이 되어 실패한 것이기 때문에 어쩔 수 없다고 생각해요.

저 같은 경우 스스로 한계치까지 몰아붙이는 인생을 살고 있어서인지 실패는 많지만 그래도 후회는 없어요. 과거로 돌아갈 수 있다고 해도 돌아가지 않을 거예요.

스스로 생각하고 결단을 내리고 행동해왔다고 단언할 수 있을 정도니 후회가 없는 거겠죠. 미래는 생각하지 않는다고 하셨는데, 테라오 씨 자신의 미래는 어떻게 될 것 같나요?

_____ 음, 이상하게 들리겠지만 제 인생이 나빠질 거라고 생각한 적이 없어요. 일종의 병인가 봐요(하하). 지금보다 더 좋아질 거라고 확신해요.

테라오 씨답다고 해야 할까요(하하). 발뮤다라는 기업의 미래에 대해서도 같은 생각인가요?

_____ 같은 생각입니다. 매우 밝고 광대하죠. 그렇게밖에는 생각이 안 드네요. 많은 사람이 저희가 만들어낸 무언가로 기뻐하는 그런 밝은 미래 말이죠.

큰 무대 위에서 엄청난 함성이 들려오는 것 같은 느낌인가요?

_____ 맞아요. 이 회사는 밴드고 제품은 노래라고 생각해

미
래

요. 많은 사람들이 기뻐했으면 좋겠어요. 그게 또 저희의 기쁨이기도 하죠. '얼마나 엄청난 일을 벌일 수 있을지'가 발뮤다가 존재하는 이유니까요.

발뮤다 제품의 팬뿐만 아니라 우리 회사의 미래에 흥미를 느끼고 있는 사람들에게 앞으로 지켜봐달라는 말을 전하고 싶어요.

기대하고 있습니다.

_____ 네, 기대해주세요.

자, 어떤가. 당신의 마음을 움직이는 인상적인 이야기가 있었는가?

각자의 인생과 하고 있는 일에 따라 다르겠지만 '그런 시점으로도 바라볼 수 있겠다', '내 행동에도 변화를 줘볼까'라는 깨달음을 주는 이야기가 많지 않았는가?

개인적으로는 일반적인 '상식'을 곧이곧대로 받아들이지 않는 테라오 겐의 자세가 가장 인상에 남는다. 상식을 조금만 의심하면 의외의 재미있는 발견을 할 수 있다. 나는 일을 할 때 '관습'에 얽매이지 않도록 주의를 기울이게 되었고, 아이와 대화할 때도 '일반적으로'나 '상식적으로'

라는 애매한 표현을 쓰지 않게 되었다. 그것만으로도 나 자신에게는 큰 변화라고 생각한다.

이 책은 보편적인 테마를 다루고 있다. 따라서 시간을 두고 반복해서 읽으면 분명 새로운 깨달음을 얻을 수 있을 것이다.

그밖에 발뮤다 직원과의 인터뷰도 준비했다. 테라오 겐은 어떤 사람들과 어떤 의지를 갖고 일하는지 알고 싶어서 여섯 명의 발뮤다 직원에게 이야기를 들었다.

전부터 "항상 전력 질주하는 테라오 겐과 함께 일하는 것은 힘들지 않을까?" 하고 궁금해 하던 참이었다. 조금은 불평이 들려올 줄 알았지만, 예상은 완전히 빗나갔다. "힘들다", "괴롭다"라고 말은 해도 싫어하는 내색은커녕 모두들 즐겁다는 듯 이야기했다.

'아, 그렇구나. 발뮤다 직원들은 테라오 겐과 마찬가지로 여기에서 좋아하는 일을 마음껏 하고 있구나.'

새삼 발뮤다의 힘의 원동력을 본 듯한 기분이 들었다.

마지막으로 이 책을 읽고 있는 독자 여러분께 감사의 마음을 전한다. 이 책이 여러분의 인생과 커리어에 도움이 되기를 바란다.

상식의 틀을 깨라

초판 1쇄 2021년 6월 17일

지은이 가미오카 다카시
옮긴이 구수진
펴낸이 서정희
펴낸곳 매경출판㈜
책임편집 정혜재
마케팅 강윤현 이진희 김예인
디자인 김보현
사진 BALMUDA Inc.

매경출판㈜
등록 2003년 4월 24일(No. 2-3759)
주소 (04557) 서울시 중구 충무로 2(필동1가) 매일경제 별관 2층 매경출판㈜
홈페이지 www.mkbook.co.kr
전화 02)2000-2641(기획편집) 02)2000-2636(마케팅) 02)2000-2606(구입 문의)
팩스 02)2000-2609 **이메일** publish@mk.co.kr
인쇄 · 제본 ㈜M-print 031)8071-0961
ISBN 979-11-6484-288-9(03320)